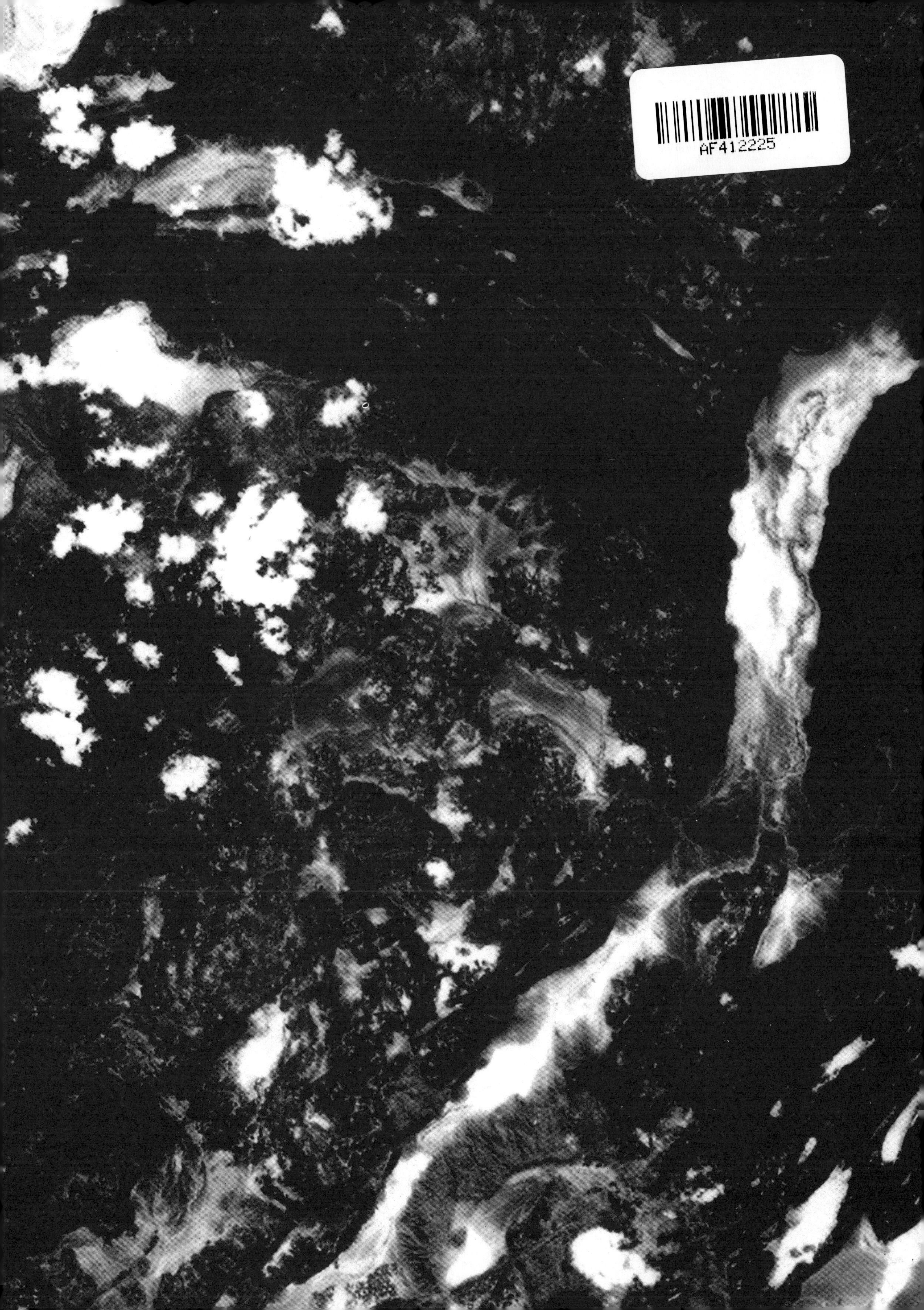
AF412225

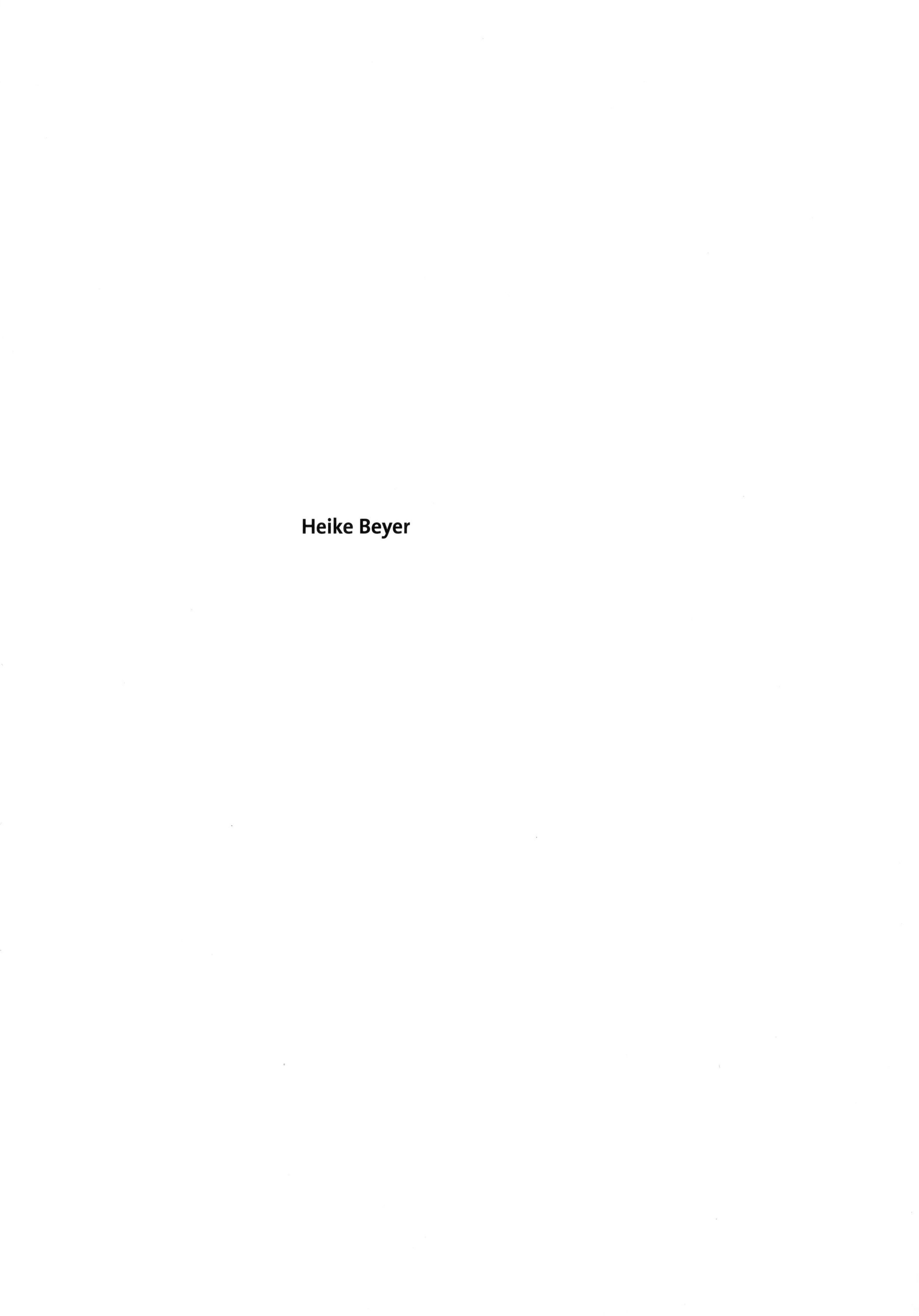

Heike Beyer

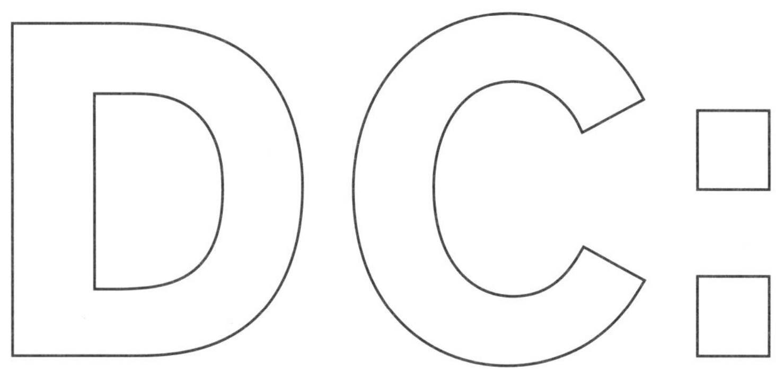

Bergfink

Heike Beyer

Museum Ludwig, Köln

Verlag der Buchhandlung
Walther König, Köln

Vorwort

Heike Beyer kenne ich bereits seit meiner und natürlich auch ihrer Zeit an der Städelschule in Frankfurt und beobachte die Entwicklung ihres künstlerischen Schaffens seitdem mit großem Interesse. Die Ökonomie der Mittel ist ein wichtiger Bestandteil ihrer künstlerischen Vorgehensweise. In ihren installativen Arbeiten mutieren alltägliche Materialien zu autonomen Formen und gehen intelligente Verbindungen mit dem Raum, seinen Bedingungen und den Besuchern ein. In früheren Ausstellungen zeigte sie bereits mehrmals große, geometrische Skulpturen aus Luftballons, die mal völlig weiß, mal in reduzierter Farbwahl eine strenge und überraschend raumeinnehmende Präsenz entwickelten.

Heike Beyer hat für den DC:Saal eine souveräne und mutige Inszenierung realisiert. Dafür und für die entgegenkommende und professionelle Zusammenarbeit danken meine Kollegin Christine Litz und ich ihr sehr. Für die Ausstellung im Museum Ludwig lässt sie einen Teil des DC:Saales mit Krepppapier überziehen, was die imposanten Ausmaße des Raumes hervorhebt. Damit einher geht die Präsentation ausgewählter Mineralien, die aus verschiedenen mineralogischen Sammlungen stammen. Bedanken möchte ich mich im Namen von Heike Beyer bei Prof. Ursula Blanchebarbe (Siegerlandmuseum in Siegen), Dr. Rolf Hollerbach (Institut für Mineralogie und Geochemie, Universität zu Köln) und Dr. Renate Schumacher (Mineralogisch-Petrologisches Institut & Mineralogisches Museum, Universität Bonn), die mit ihrer Unterstützung und den Leihgaben zum Gelingen dieser Ausstellung beigetragen haben.

Besonders glücklich war die Zusammenarbeit von Heike Beyer und der StadtRevue mit der Firma WEROLA, die sich darauf eingelassen hat, ein Papier im Tauchfärbeverfahren zu produzieren, das in die StadtRevue eingebunden werden konnte.

Begeistert von der nun von jedem Leser nutzbaren Möglichkeit, ähnlich dem Fotogrammverfahren sein eigenes Bild herzustellen, haben Frau Gabriele Micke von der StadtRevue und Frau Elisabeth Seeger von WEROLA, mit großem Engagement, diese Idee umgesetzt. So findet der Prozess der Materialveränderung seine Entsprechung im Insert der Juni Ausgabe 2004.

Hervorzuheben ist die Konzeption dieses Kataloges, die auf eine enge Zusammenarbeit von Heike Beyer und Christine Litz zurückgeht. Die drei Textbeiträge ergänzen sich auf ideale Weise, sind sie doch drei Annäherungen an das Werk von Heike Beyer, die unterschiedlicher kaum sein könnten. Der Text von Marcel Beyer, der eigens anlässlich dieser Ausstellung verfasst wurde, wählt sich den Transitort Autobahnraststätte, an dem sich anspielungsreich künstlerische Arbeiten Heike Beyers finden lassen. Julia Friedrich beschäftigt sich in ihrem mit Intuition geschriebenen Text mit dem Phänomen von Mineralien. Der Text von Christine Litz schließlich kontextualisiert diese Installation mit dem bisherigen Schaffen von Heike Beyer.

Darüber hinaus möchten wir uns wie seit zwei Jahren an dieser Stelle bei dem AC: / DC: Förderkreis bedanken, ohne dessen engagierte Förde-

rung auch dieses Projekt nicht zu realisieren
gewesen wäre und dessen Mitglieder ich
namentlich erwähnen möchte: Herr Johannes
Becker, Herr Wolfgang Bornheim, Frau Sabine
DuMont-Schütte, Herr Christoph Eiting,
Frau Anna Friebe-Reininghaus, Herr Dr. Dietrich
Gottwald, Frau Marie Hüllenkremer, Herr
Dr. Andreas Hölscher, Herr Walther König,
Herr Paul Köser, Frau Gabriele Kortmann,
Herr Udo Müller (Ströer-Gruppe), Frau Dr. Doris
Neuerburg, Frau Brigitte Wagner-Halswick.

Kasper König

Introduction

I have known Heike Beyer ever since my time – and, of course, her time – at the Städelschule in Frankfurt. Since then, I have watched her artistic development with great interest. Economy of means is an important element of her artistic approach. In her installations, ordinary materials mutate into autonomous forms, making intelligent connections with the space, its conditions, and the visitors. In previous exhibitions, she has already shown large geometric sculptures made of balloons, some of which were completely white, while others contained a reduced palette of colours. However, all of these sculptures developed an austere, surprisingly commanding presence.

Beyer has created a self-confident, courageous installation for the DC:Space. My colleague, Christine Litz and I would like to thank her for her accommodating and professional cooperation. For the show at the Ludwig Museum, Beyer covered part of the DC:Space with crepe paper, which emphasizes the imposing size of the space. Accompanying this is a presentation featuring a selection of minerals taken from various mineralogical collections. On behalf of Heike Beyer, I would like to thank Professor Ursula Blanchebarbe (Siegerlandmuseum in Siegen), Dr. Rolf Hollerbach (University of Cologne), and Dr. Renate Schumacher (University of Bonn), whose support and loans have contributed to the success of this exhibition.

The cooperation between Heike Beyer, the Stadt-Revue, and the WEROLA Company was especially fortunate. The latter agreed to produce a type of paper using a particular dying process, so that it could be inserted into copies of the StadtRevue.

Excited by the thought that every reader would have a chance to create his or her own picture, which would be somewhat like a photogram, Ms. Gabriele Micke of the StadtRevue and Ms. Elisabeth Seeger of WEROLA dedicated themselves to realizing this idea. By using the insert in the June 2004 issue, readers can experience the process of altering material.

Deserving of mention is the concept of this catalogue, which is based on the close cooperation between Heike Beyer and Christine Litz. The three essays are ideal complements, yet they are also three very different approaches to Beyer's work. The allusive text Marcel Beyer wrote for this show imagines Heike Beyer's works installed at that ubiquitous transit site known as the highway rest stop. In her intuitively written text, Julia Friedrich deals with the phenomenon of minerals. Finally, the text by Christine Litz contextualizes this installation by comparing it with Beyer's previous works.

Furthermore, as we have done for the past two years here, we would like to thank the AC: / DC: group of patrons. Without their committed support, this project could not have been realized. In particular, thanks go to Mr. Johannes Becker, Mr. Wolfgang Bornheim, Ms. Sabine DuMont-Schütte, Mr. Christoph Eiting, Ms. Anna Friebe-Reininghaus, Dr. Dietrich Gottwald, Ms. Marie Hüllenkremer, Dr. Andreas Hölscher, Mr. Walther König, Mr. Paul Köser, Ms. Gabriele Kortmann, Mr. Udo Müller (of the Ströer Group), Dr. Doris Neuerburg, and Ms. Brigitte Wagner-Halswick.

Kasper König

Benzin

MARCEL BEYER

Mit einem unguten Gefühl hatte ich abends gegen acht am Wannsee die kalte Luft geatmet und war in den Wagen gestiegen. Schneefall, der mir die Sache für den Moment sicherlich erschwert, aufs Ganze gesehen aber sehr erleichtert hätte, war in dieser Nacht nicht zu erwarten, statt dessen deutete alles auf tiefe Minusgrade hin. Was um den See, dann auf dem Ring noch vereinzelte Nebelbänke waren, sollte sich im Verlauf der Strecke unter dem sternklaren Himmel in eine harte Frostlandschaft verwandeln.

Hätte ich einen Beifahrer gehabt, wäre ihm schon auf dem Hinweg am Mittag meine Unruhe aufgefallen, als wir uns im Wintersonnenlicht nach Berlin aufmachten, durch die weite, nach Norden hin immer sandiger werdende, von Kiefernwäldern mehr und mehr geprägte Landschaft, an Siedlungen mit auffallenden Namen wie Ortrand, Freienhufen, Calau oder Märkisch Buchholz vorüber auf dieser so angenehm zu befahrenden, meist leeren Autobahn, deren sich fast ein Jahrzehnt hinziehender Ausbau mittlerweile kurz vor dem Abschluss stand. Denn ganz anders als bei früheren Fahrten konnte ich weder den Anblick der Umgebung noch der vor uns liegenden, in ihrem gleichmäßigen Grau auf das Auge wohltuend wirkenden Straße genießen. Ich war abgelenkt, ich horchte, nicht in mich hinein, sondern in den Wagen, der erst nur leise, ungewohnte Geräusche machte, als klopfe in weiter Ferne Metall gegen Metall, ein streckenweise rhythmisches, dann wieder sich überschlagendes Klappern oder Rumpeln, das ich erst auf die Bodenwellen und den grob in der Ablage verkeilten Cassettenstapel, dann auf die

nicht richtig geschlossene Kühlerhaube schob, um endlich einzusehen, dass es aus dem Motorenraum ins Innere dringen musste. Einmal war ich, als litte, wenn man aufmerksam horcht, das Sehvermögen, mittags sogar beinahe von der Fahrbahn abgekommen.

Nachts waren die sachten Klopfgeräusche bald zu einem unablässigen, heftigen Poltern geworden, so laut und beängstigend, dass ich – kein Beifahrer, mit dem ich mich unterhalten und vielleicht über die Störung hätte verständigen können – das Radio immer lauter drehte, um in einem ganz allgemeinen, auf nichts Außergewöhnliches hinweisenden Lärm untergehen zu können. Das Klopfen aber übertrug sich auf den gesamten Wagen, ich spürte es in den Füßen, im rechten Arm, in meinen Schultern, und ich war allein. Ich raste.

Jetzt saß ich an einem Plastiktisch und wartete auf den Pannendienst und rechnete und rauchte. Draußen die Tankanlage, sonst weit und breit kein Licht, ich war im brandenburgischen Nirgendwo gelandet. Ich rechnete, die Zeit, die Kilometer, um die Zapfsäulen Neonlicht, ich sah mich selber in der Fensterscheibe, zerzaust, mit wirrem Blick. Ein Nachbild: der rosige Schimmer am Wagenhimmel über mir, vom Rücklicht des vorausfahrenden Kleintransporters, der in der Nacht verschwindet. Von hinten kommen neue Bahnen, weiß, über den matten Stoff heran, ein Lastwagen holt auf, den ich vor kurzem hinter mir gelassen habe. Er wird mich hier, inmitten einer Baustelle, nicht überholen können, er wird mich, Aufblendlicht, vor sich herschieben, es gibt keine Ausweichmöglichkeit. Dann eine Ausfahrt, mit Vierzig quälte ich mich auf das Raststättengelände, ehe der Motor meines Wagens erstarb. Ich war gerast, das Falscheste, was ich hatte tun können, wie ich später erfahren sollte, das heißt, ich hatte versucht zu rasen, denn der Wagen war, egal wie ich das Gaspedal durchdrückte, nur immer langsamer geworden, und schon auf der Höhe von Zossen war abzusehen, ich würde, sofern es überhaupt gelänge, für die zweihundert Kilometer von Berlin nach Dresden in dieser Sonntagnacht Ende November wenigstens fünf Stunden brauchen.

Während ich das Kunstblumengesteck in seinem Töpfchen genauer studierte, gingen mir immer dieselben Dinge durch den Kopf. Eine eigentümliche Krepparbeit stellte hier die Blüte dar, wer weiß von wem in Form gebracht, wer weiß an welchem Ort, eine in Asien erdachte Phantasieblume aus Papier, oder vielleicht genauso gut die Darstellung einer natürlichen Blüte, die ich, in Blumennamen alles andere als bewandert, nur nicht zuordnen konnte. Was, wenn mein Auto einen größeren Schaden hat, der sich auf die Schnelle nicht beheben lässt: Der Pannendienst könnte mich in die nächstgelegene Ortschaft abschleppen, ohne dass ich zu sagen wüsste, ob das etwas nützt. Ich müsste übernachten, aber gibt es in dieser Gegend, wo kein Haus zu erkennen ist, denn überhaupt ein Hotel? Wie jedesmal, wenn ich mich Kunstblumen gegenüber sehe, hob ich auch hier den leichten Dekotopf an die Nase, um sicherzugehen, dass Papierblumen tatsächlich nicht duften. Wie ein Insekt ließ ich mich immer wieder zuerst von der Farbe leiten. Was wird aus meinen Plänen für morgen, was, wenn mein Auto seine allerletzte Fahrt gemacht hat und es von dieser Raststätte für mich kein Fortkommen gibt. Ich hätte auf unbestimmte Zeit hier sitzen bleiben können, müssen, oder eine der anwesenden Personen fragen, ob sie mich mitnähme. Aber wohin?

Von jeher habe ich Farben nur schlecht beschreiben können, die richtige Bezeichnung schien mir Puppenhaut- oder doch Bluthochdruckrosa zu sein, oder Hibiskus, falls das eine Farbe ist, und außerdem war sie im Kunstlicht nicht so ganz leicht zu bestimmen. Ich war in Rüblingsheide, hatte mir jemand verraten, in der Nähe von Duben, doch dieser Name sagte mir

genau betrachtet nichts. Tageslicht aber würde die Gestecke nie erreichen, in Räumlichkeiten wie dieser Bistrobar kämpft das Tageslicht vergeblich gegen die künstliche Beleuchtung an. Magenta. Altrosa möglicherweise. Die fünf Gestalten Mitte Zwanzig auf ihren Hockern um den Stehtisch, wo es zu den Toiletten ging, die einzigen Gäste außer mir, wollte ich bestimmt nicht fragen, es hätte auch keinen Zweck gehabt, ihr Wagen, sofern sie überhaupt vorhatten, sich heute Nacht noch fortzubewegen, war vollbesetzt. Die Blumen, vielleicht Moosröschen oder Gerbera, wie mir allein aufgrund der Farbe in den Sinn kam, rochen natürlich doch, mich überkam ein leichtes Unwohlsein, und was hätte es genützt, die Angestellten hier anzusprechen, den Küchenchef, die Kassiererin und Reinigungskraft, den Mann am Zeitschriftenstand oder den Tankwart: Sie konnten ja nicht weg, sie hatten hier zu arbeiten. Und sonst war niemand da.

Irgendwo zwischen Berlin und Dresden gab es eine Stelle, wo man die uns bekannte Welt verlässt, sobald man den Fehler macht, nachts mit dem Auto anzuhalten. Kann sein, die Blüten hatten ihren ursprünglichen Farbton bereits verloren, sowas geht schnell, kann sein, diese Urwälder aus Draht und Krepp auf jedem Tisch, in denen die Blüten eher hilflos platziert wirkten, hatten ihre Zeit längst hinter sich, waren ausgeblichen. Die großen grünen, immer staubig wirkenden Blätter zitterten, und wie instinktiv nahm ich meine Hände von der Tischplatte – ich hatte das Gefühl, ich würde am ganzen Körper beben und meinte, mein Zittern hätte sich auf die Schachtelhalme übertragen, als stünde ich mit ihnen in Kontakt.

Ich nahm ein Buch aus meiner Tasche, noch immer in dem festen Glauben, ich könnte mich selber davon überzeugen, mein Aufenthalt hier unterscheide sich in nichts von solchen Pausen, die man gewöhnlich während langer Fahrten macht, ich schlug den Band auf, fand ein Gedicht und nahm mir die ersten Verse vor: „Ich war auf Buttermilch seit / vierzehn Tagen, der Kopf / hing schief, ich litt an einem / leichten Mineralienschaden, / mir ging der Stoff aus, Gips" – hier unterbrach ich, die folgenden Reimwörter würden, das war längst abzusehen, in etwa „tragen", „Faden" und endlich „sagen"

lauten, ich betrachtete die Buchstaben, las aber
nicht mehr, vor dem inneren Auge schwebte
mir ein undeutlicher Eindruck von Mineralöl vor,
das ich mir immer dunkel, schwarz und schwer
denke. Das Bild einer opaken, kaum flüssig zu
nennenden Masse kann sich, obwohl es falsch
ist, vermutlich darum so hartnäckig in der
Vorstellung halten, weil wir Mineralöl höchst
selten, und dann bloß flüchtig, zu Gesicht
bekommen: Wer mag, wenn er Schmieröl in den
Motor nachgießt, schon so genau hinschauen,
wer behält etwas vom übergelaufenen Diesel-
kraftstoff in Erinnerung, wenn der Transporter
voll getankt und sicher wieder bei der Autover-
mietung abgeliefert worden ist. Jenes schillern-
de Geflecht in allen Regenbogenfarben aber, das
wir als Kind auf einer Pfütze bewundert und mit
der Gummistiefelspitze oder einem Stock zer-
teilt haben, um es im nächsten Augenblick sich
zu neuen Formen, Mustern verbinden zu sehen,
würden wir als Erwachsener nicht mit dem pro-
fanen Brennstoff in Zusammenhang bringen,
der unser Auto anzutreiben in der Lage ist. Dabei sind Diesel und Benzin ganz helle, klare
Flüssigkeiten, mit einem leichten Stich ins Gelbe
und fast Himbeerfarbene.

Aus den scheppernden Lautsprechern in der
Deckenverkleidung kam jetzt herrliche Musik,
ich kannte das Lied, ich hatte es vor vielleicht
zwanzig Jahren das erste Mal gehört, „Red Red
Wine", ich hätte mitsingen können, meine
Stimme wäre im Zusammenklang mit der so
unaufdringlich dünnen des Sängers hier im
Radio nicht weiter aufgefallen. Ich schaute in
das Bild hinein, das die Fensterscheibe vor mir
ausbreitete, der von Hydrokulturgrün gekrönte
Raumteiler gleich hinter mir, das klobige, doch
klapprige Gestell auf Rollen, in dem man die
Tabletts mit dem benutzten Geschirr unterbrin-
gen sollte, schräg dahinter das so genannte
Frischecenter, eine Reihe um diese Zeit kaum
mehr gefüllte Salatkübel unter einer Glasglocke,
auf der das Stirnfett zahlloser müder Reisender
einen feinen Schimmer hinterlassen hatte, und
dann den linken Rand der Selbstbedienungs-
strecke, die in den Kassenbereich mit seiner
Ablagefläche für das Tablett und einem erhöh-
ten Hocker überging. Ich lugte im Bild herum,
die Herrengruppe am Bistrotisch unterhielt sich
weiter, wurde sogar etwas lauter, wie um das

Lied zu übertönen, der Küchenchef starrte ins
Nichts, ich sah ihm an, er nahm die Musik überhaupt nicht wahr, seine Hand lag reglos auf der
Glasabdeckung, nicht einmal der Zeigefinger
klopfte wie von selbst mechanisch den Takt mit,
die Heizspirale glühte leicht und tauchte das
letzte Schnitzel in ein warmes Licht.

Die Kassiererin sah ich nicht an ihrem Platz,
vielleicht wischte sie nun schon zum zweiten
Mal, seitdem ich angekommen war, die Damen-
toilette, vielleicht musste sie zum Musikhören
allein sein und zog sich immer dann aus der
Gaststättenzone in den gekachelten Bereich
zurück, wenn ihr ein Lied im Radio gefiel. Die
Spiegelwand, das klare Weiß, die blitzenden
Edelstahlarmaturen, und sie, mit einem
Scheuerhader in der Hand, ganz still, während
die Musik aus den verborgenen Boxen dringt,
am Boden steht ein Kunststoffeimer und da-
neben, unbewegt, zwei helle Slipper. Dabei
wollte ich die Kassiererin nicht stören.

Aber der Herrentisch, schien mir, hätte eine
Aufmunterung gut brauchen können, vor allem
einer der beiden jungen Männer, die, soweit ich
es richtig erkannte, Tschechisch sprachen und
dem Geplauder der drei Deutschen vielleicht
nicht folgen konnten, wirkte schon seit einer
ganzen Weile ein wenig bedrückt, als sei er sich
nicht so ganz sicher, ob seine Freunde in ihrer
Sprache nicht einen Plan berieten, wie sie die
beiden anderen an ihrem Tisch bei einem Ge-
schäft, vielleicht mit Gebrauchtwagen, die es
noch in der Nacht über die Grenze zu schaffen
galt, hintergehen oder auf lange Sicht sogar los-
werden könnten. Seit zwei Runden nippte er nur
noch ab und zu an seinem Bier und schaute in
die Dekoblumen neben seinem Glas, wie ich. Er
war der Fahrer, ohne Zweifel, und seine Sorgen
waren völlig unbegründet, wie sich schon im
nächsten Moment zeigte, als nämlich einer
seiner Freunde, der lauteste, zur Imbisstheke
hinüberrief und, wenn auch vielleicht in etwas
grobem Ton, nach einer heißen Schokolade für
den jungen Mann verlangte, dessen Blick sich
nun in der Fensterscheibe kurz mit meinem traf.
Ein freundschaftlicher Schlag auf seine Schulter,
dazu ein Wort, das ich nicht verstand, und er
wandte sich wieder seinem Tischnachbarn zu,
der ihn mit einem zusätzlichen Nicken fast für-
sorglich in die Runde zurückholte. Nein, der

Fahrer hatte keinen Grund, an diesem späten Sonntagabend im Niemandsland den Kopf hängen zu lassen, die Freunde waren um sein Wohlbefinden bemüht, sie prosteten ihm zu, hoben die Gläser hoch in die Luft und tranken einen großen Schluck, und gleich wurde noch einmal nach dem Kakao gerufen.

Der Küchenchef aber hatte offenbar für derartige Freundschaftsbekundungen nicht sehr viel übrig, er gab zurück, die Schokolade – wahrscheinlich ein mit heißem Wasser angerührtes und aufgeschäumtes Pulver – sei längst zubereitet, stehe bei der Kasse, doch müsse sich vom Herrentisch schon jemand dorthin bequemen, um den Becher abzuholen. Kann sein, er hatte keine Freunde so wie diese und sehnte sich danach, selbst einmal einen Abend in einem angeregt plaudernden Kreis anstatt allein hinter seiner Theke mit warm gehaltenen Speisen zu verbringen, kann sein, er war an diesem Tag schon mit Beginn der Schicht erschöpft, die vielleicht gerade begonnen hatte und erst nach Sonnenaufgang enden würde, eine ewig lange Zeit, wenn man sie vor sich sieht, acht oder zehn Stunden an diesen Ort gebunden, während die Reisenden nach einer Stärkung erfrischt weiterziehen dürfen – jedenfalls war er nicht bereit, das geltende Gesetz der Selbstbedienung einmal weniger streng zu handhaben und einem seiner Gäste ein Heißgetränk am Platz zu servieren.

Gern wäre ich jetzt aufgesprungen und hätte den Becher mit Kakao an den Bistrotisch gebracht, zum einen, um den jungen Männern dort eine kleine Freude zu machen und so vielleicht mit ihnen ins Gespräch zu kommen, zum anderen, um den Koch zu beruhigen, der, wie es schien, nicht nur aufgrund irgendwelcher zurückliegenden Ereignisse verstimmt war, sondern zudem noch Scherereien fürchtete, falls die kleine, an sich doch harmlose Gruppe vorhaben sollte, den Rest der Nacht hier Bier trinkend zu verbringen, als malte er sich eine Rauferei aus, oder als denke er bereits darüber nach, wie er am Morgen vier Männer sturzbetrunken, schläfrig und schwer in eine dunkle Kammer hinter der Küche schleppen solle, in der Putzmittel, Mehl und Streusalz gelagert werden.

Da tippte mir der Mann vom Pannendienst auf die Schulter. Für eine Sekunde war ich hin und her gerissen, ich räumte meinen Kram zusammen, stellte noch rasch die halb leere Kaffeetasse in das Gestell und wollte dem Mechaniker im hellen Overall so schnell wie möglich nach draußen folgen, doch andererseits hielt mich auch etwas zurück, vielleicht, weil die einstündige Wartezeit, auf die ich mich, wie es am Telefon hieß, einzustellen hätte, noch nicht abgelaufen war, vielleicht, weil ich so überraschend nicht von diesem Ort Abschied nehmen konnte. Grußlos verließ ich, in der Hast, das Raststättengebäude. Ich glaube, keiner sah mir hinterher. Im Radio liefen wahrscheinlich längst wieder Kurznachrichten, Schlager und die immer gleichen Werbeblöcke, in denen wir unter anderem – merkwürdig um diese Tageszeit – zu einem unverbindlichen Besuch im Kamenzer Polsterhimmel eingeladen wurden. Der Mechaniker wartete an meinem Auto, neben dem Wagen mit tschechischen Kennzeichen der einzige auf dem Parkplatz. Kalt war es, keine Musik mehr, ich war zurück in der brandenburgischen Nacht.

Der junge Mann leuchtete in den Motorenraum hinein und sprach, ich hörte ihm nicht richtig zu, ich atmete die Winterluft, er bog Drähte zurecht und besprühte die Kontakte, und noch ehe er mir versicherte, den restlichen Weg nach Hause werde ich so wohl schaffen, merkte ich, alle Last fiel von mir ab: Vergessen jener Krach, als würde mir jeden Moment der Motor um die Ohren fliegen, vergessen jene Baustellenstrecke ohne Standstreifen, in deren Bereich ich mich doch immer noch befand, vergessen sogar, dass mich der junge Mann hier am Zeitschriften- und Süßigkeitenstand, der später in einem Büro verschwunden und nicht wieder aufgetaucht war, zunächst nicht hatte telefonieren lassen wollen und auf den Münzfernsprecher im Eingang deutete, wobei er sich jedoch weigerte, mir einen Schein klein zu machen, vergessen, dass schließlich eine Frauenstimme im Hörer nur immer wieder darauf hinwies, die gewählte Nummer sei von diesem Apparat nicht zu erreichen, vergessen, dass ich in meiner Verzweiflung zu den Zapfsäulen hinauslief, um jemand anderen zu finden, der mir vielleicht sein Telefon leihen könne, vergessen endlich auch, wie peinlich es mir war, als der Tankwart, offenbar der Pächter dieser Anlage, mich wieder mit hinein nahm und den Aushilfskassierer oder Lehrling anwies, mir über die Hausanlage eine Verbindung zum Pannendienst zu schalten. Und hatte ich mir nicht lange gewünscht, an einer dieser Autobahnraststätten einmal mehr Zeit zu verbringen, als es braucht, um die Tankrechnung zu bezahlen oder ein Getränk zu kaufen, habe ich es mir nicht immer schon aufregend vorgestellt, in dieser Situation zu sein, die es erlaubt, in Ruhe den Geruch der Putzmittel in mich einzusaugen, dem Nachtradio zu lauschen und die Kunstblumen für eine Weile genau in Augenschein zu nehmen?

Ich steige ein, ich starte, dann bin ich wieder auf der Autobahn. Ich habe mir gemerkt, ich soll nicht schneller als achtzig Stundenkilometer fahren, jetzt, in der ersten Winternacht, so reime ich mir die technischen Erklärungen zusammen, wird der Motor bei höherer Geschwindigkeit vom Fahrtwind zu kühl, als dass er noch rundlaufen könnte. Falls das Klappern, das Stocken sich erneut einstellt, soll ich auf einem Parkplatz eine kurze Pause machen, damit der Motor sich wieder erwärmen kann. Das Radio bleibt aus, ich rauche, kurz vor dem Abzweig nach Dresden überholt mich der Mann vom Pannendienst und blinkt freundlich in die Nacht, ehe er Richtung Cottbus weiterfährt.

So gleite ich dahin, bis auf der linken Seite eine hell erleuchtete Industrieanlage auftaucht, Schwarzheide. Rohöl, das schwere dunkle Rohöl gibt es natürlich doch, wird mir jetzt klar, wie habe ich vergessen können, dass sich die feinen, raffinierten Formen vom Schweröl deutlich unterscheiden. Da ist das Stottern auch zurück, ein Anflug nur, aber ich will es nicht darauf ankommen lassen und biege bei der nächsten Möglichkeit in einen Autobahnparkplatz ein. Ich warte, aber ohne Ungeduld, eine ungeahnte Gelassenheit hat sich meiner bemächtigt, ich fühle mich wie ausgewechselt. Nach Hause ist es nicht mehr weit. Der Motor braucht nur eine Pause. Ich steige aus, kein einziger Wagen kommt mehr vorbei um diese Zeit, ich bin allein, Schwarzheide hinter mir, das sorbische Schornegosda, strahlt in der Nacht für niemanden als mich. Zur anderen Seite, über dem offenen Feld, der Sternenhimmel.

Nach und nach werden die Punkte blasser, manche verschwinden schon, im Osten sehe ich den tiefblauen Ton des Himmels bald von einem rötlichen Schimmer durchzogen. Nicht mehr lange, und die Sonne wird aufgehen, der neue Tag ist da. Ich habe keine Minute geschlafen, habe mich nicht gewaschen, ich drücke meine Zigarette auf dem Asphalt aus, strecke mich und springe mit einem Satz über die Leitplanke, die den Parkplatz vom Acker trennt. Frisch und gestärkt gehe ich in den Morgen.

Petrol

MARCEL BEYER

Around eight in the evening I felt ill at ease when I sniffed the cold Wannsee air and got into my car. Snow, which would certainly have created momentary difficulties for me but over-all made matters much easier, was not to be expected during the night, but instead every-thing indicated temperatures well below zero. What were still individual banks of fog around the lake and then on the city circular road were to be transformed into a heavily frosted land-scape under clear starry skies as my journey proceeded.

If I had had a passenger, he would have al-ready noticed my restlessness when we set off towards Berlin in winter sunlight around mid-day, through the open landscape which became increasingly sandy towards the north with more and more pine woods, past settlements with such striking names as Ortrand, Freienhufen, Calau, or Märkisch Buchholz, on a mostly empty Autobahn, so pleasant to use, whose widening, which had taken almost a decade, would soon be complete. Unlike previous journeys I couldn't enjoy either looking at the landscape or allow-ing my eyes to take pleasure in the regular grey-ness of the road extending in front of me. I was distracted; I listened not within myself but to the car which was making unfamiliar sounds – initially only quietly – as if metal were knocking against metal in the far distance: sometimes a rhythmic banging or clattering, sometimes more irregularly, which I first attributed to the impact of bumps on a heap of casually piled cassettes, and then to a not quite closed radia-tor cap, only finally to accept that this noise had to come from somewhere inside the engine. At

midday I once almost went off the road as if the capacity for seeing suffers when one listens attentively.

With nightfall the gentle knocking sounds soon became an incessant, violent banging, so loud and disturbing that – being without a pas-senger with whom I could have talked and per-haps communicated about this disturbance – I increased the volume on the car radio more and more so as to be able to immerse myself in the general noise which did not indicate anything out of the ordinary. However the knocking was transmitted throughout the car. I felt it in my feet, in my right arm, in my shoulders – and I was alone. I rushed onwards.

Now I was sitting at a table made of plastic, waiting for the breakdown service, and doing sums in my head and smoking. Outside was the petrol station and otherwise no light for far and wide. I was in the back of beyond somewhere in Brandenburg. I calculated the time, the kilome-tres; around the petrol pumps neon lighting; I saw myself in the window, tousled and with a crazed look. An after-image: the rosy glimmer on the interior roof above me – from the rear-light of the van ahead, vanishing into the night. From behind new beams, white, come closer across the matt upholstery. A lorry I recently left behind catches up. Here where there are road-works he won't be able to overtake me. With headlights full on he will push me along. There's no possibility of avoiding that. Then an exit. I struggled at 40 km.p.h. to reach the service area before my car's engine died on me. I had hurried along, the worst thing I could have done – as I found out later. At least I had tried to hurry since no matter how much I depressed the accelerator the car got ever slower, and by the time I was near Zossen it was clear that I would take at least five hours to cover the two hundred kilometres from Berlin to Dresden during this Sunday night at the end of November – if I got there at all.

While I studied the artificial flower stuck into a pot more closely, the same things passed through my mind again and again. This blossom made from crepe paper was a strange creation made by who knows whom and who knows where, a fantasy flower made of paper and devised in Asia, or perhaps equally possibly the depiction of a natural blossom which I, anything but well-versed in flower names, just could not attribute. What if my car were afflicted by a more serious problem which couldn't be put right quickly. The breakdown service could tow me to the nearest town without my being able to say whether that was of any use. I would have to spend the night somewhere, but is there a hotel in this place where no house can be seen? As on all occasions when I am confronted by artificial flowers, here too I lifted the light decorative pot to my nose to make sure that paper flowers really don't have any scent. Like some insect, time and again I first allow myself to be guided by the colour. What will become of my plans for tomorrow; what if my car has made its very last journey, and there is no possibility of my getting away from this service station? I could be stuck here for an indeterminate time, or I could ask one of the people here whether they could take me along. But where to?

I have always had difficulty in describing colours. To me the right term seems to be doll-pink or high-pressure-blood pink, or hibiscus if that's a colour, and in addition it wasn't so easy to determine in the artificial light. I was at Rüblingsheide – Someone had told me – , close to Duben, but that name didn't say anything to me either. However daylight would never reach the bunches of flowers. In rooms like this bistro-bar daylight struggles in vain against artificial lighting. Magenta. Maybe old rose. I certainly didn't want to ask the five characters in their mid-twenties on stools around the high table close to the toilets, the only customers apart

from myself. Even if they intended to move on tonight, their car was full. The flowers, perhaps moss roses or gerbera, names that came to mind just because of their colour, had a natural scent after all but I felt slightly queasy – and what would be achieved by talking to the staff here, the man in charge of the kitchen, the woman at the till who doubled as cleaner, the man at the newspaper kiosk, or the petrol pump attendant. After all, they couldn't get away; they had to work here. And there was no-one else.

Somewhere between Berlin and Dresden there was a place where one leaves the known world as soon as the mistake is made of stopping one's car at night. It may be that the blossoms have already lost their original colour. That happens quickly. These jungles of wire and crepe paper on each table, where the flowers seemed rather maladroitly placed, are long over and have faded. The large green leaves, which always seem dusty, quivered, and as if instinctively I took my hands away from the plastic surface. I had the feeling my entire body was shaking and thought that had been transmitted to the horsetails as though there were a contact between us.

I took a book out of my pocket, still in the firm belief I could convince myself that this stop-off here was no different from the breaks one usually takes during longer journeys. I opened the book, found a poem, and set to work on the first verse: "Ich war auf Buttermilch seit / vierzehn Tagen, der Kopf / hing schief, ich litt an einem / leichten Mineralienschaden, / mir ging der Stoff aus, Gips" ("I had been hooked on buttermilk / for a fortnight, my head hung crookedly, I was suffering / slight damage done by lack of minerals / I ran out of subject-matter, plaster") – and there I broke off. It was long predictable that the next rhyming words would be "tragen", "Faden", and finally "sagen". I regarded the letters but read no more. Before my inner eye there floated an unclear impression of oil, which I imagine becoming ever darker, blacker, and heavier. Even though it is false, the image of an opaque mass that can scarcely be called liquid presumably remains so persistently in the imagination because we so rarely, and then just fleetingly, catch sight of oil. Who when pouring a lubricant into the engine observes closely, and who remembers something of the diesel fuel that has overflowed when the van's tank is full again and the vehicle has been safely returned to the car hire company? As adults we would not associate the iridescent rainbow-coloured patterns which as children we wondered at in a puddle, disturbing this with the tip of our boots or a stick only to see it recombining in new forms and patterns in the very next moment – we would not associate those with the profane fuel capable of powering our car. Diesel fuel and petrol are light-coloured, clear liquids with a slight tinge of yellow and an almost raspberry shade.

From the rattling loudspeakers in the ceiling there now came splendid music. I knew the song which I first heard perhaps twenty years ago: "Red Red Wine". I could have sung along with it. Together with the reticently thin voice of the singer on the radio, mine would not have attracted attention. I looked at the image of myself disseminated by the window-pane, the dividing screen crowned with hydroculture green just behind me, the large but rickety construction on wheels where one was supposed to put trays with dirty plates etc, diagonally behind that what was called a freshness center with a number of containers, no longer very full at this time, under a glass cover where a slight trace of the brow-sweat of innumerable tired travellers remained, and then the left-hand edge of the self-service counter which extended into the till area with its surface for the tray and a raised stool. In this picture I gazed around, the group of men at the bistro table carried on talking and even became a little louder so as to drown the song, and the man in charge of the kitchen stared into nothingness. I looked at him. He didn't hear the music, his hand lay on the glass cover without moving. Not even the forefinger tapped the beat as if mechanically, the heating element glowed slightly, bathing the last schnitzel in a warm light.

I didn't see the cashier in her place. Perhaps she was cleaning the women's toilets for the second time since my arrival; or perhaps she had to be on her own to listen to music and always retreated from the customers area into the tiled zone when she liked a song on the radio. The wall of mirrors, the dazzling white, the shining steel fittings, and she, mop in hand, absolutely still while the music emerges from the hidden loudspeakers. On the floor stands a plastic bucket and alongside that, motionless, two light slippers. I didn't want to disturb the cashier.

But it seemed to me that the men's table could have done with some livening up, especially one of the two young men who, if I recognized correctly, were speaking Czech and perhaps couldn't follow the three Germans' chatter. For some time now he had seemed a little depressed as if not completely sure whether his friends were hatching a plot in their own language for cheating the two others at the table in some business, perhaps involving secondhand cars which had to be got across the frontier by night, or over the longer term even dumping the Czechs. For two rounds now he had only sipped at his beer from time to time, and, just like me, he gazed at the artificial flowers next to his glass. He was certainly the driver and his anxieties were completely unfounded as immediately became apparent when one of his friends, the loudest, shouted across to the counter, and, perhaps somewhat roughly, demanded a hot chocolate for the young man whose gaze met mine briefly in the windowpane. A friendly slap on his shoulder, accompanied by a word I didn't understand, and then he turned again to his companion at the table who, with further nodding, almost solicitously brought him back into the circle. No, the driver had no reason to allow his head to slump in no-man's-land on a late Sunday evening. The friends were concerned about his well-being, they drank to him, lifting their glasses high in the air and taking a long swig, and called once again for the cocoa.

But the man in the kitchen obviously didn't think much of such proclamations of friendship. He replied that the chocolate – probably powder mixed with hot water, producing foam – had long been ready and was standing at the till, but someone from the gentlemen's table had to make their way there so as to fetch the mug. It may be that he didn't have such friends and himself longed to spend an evening in such an animated group rather than standing alone behind his counter with warmed-up food; it

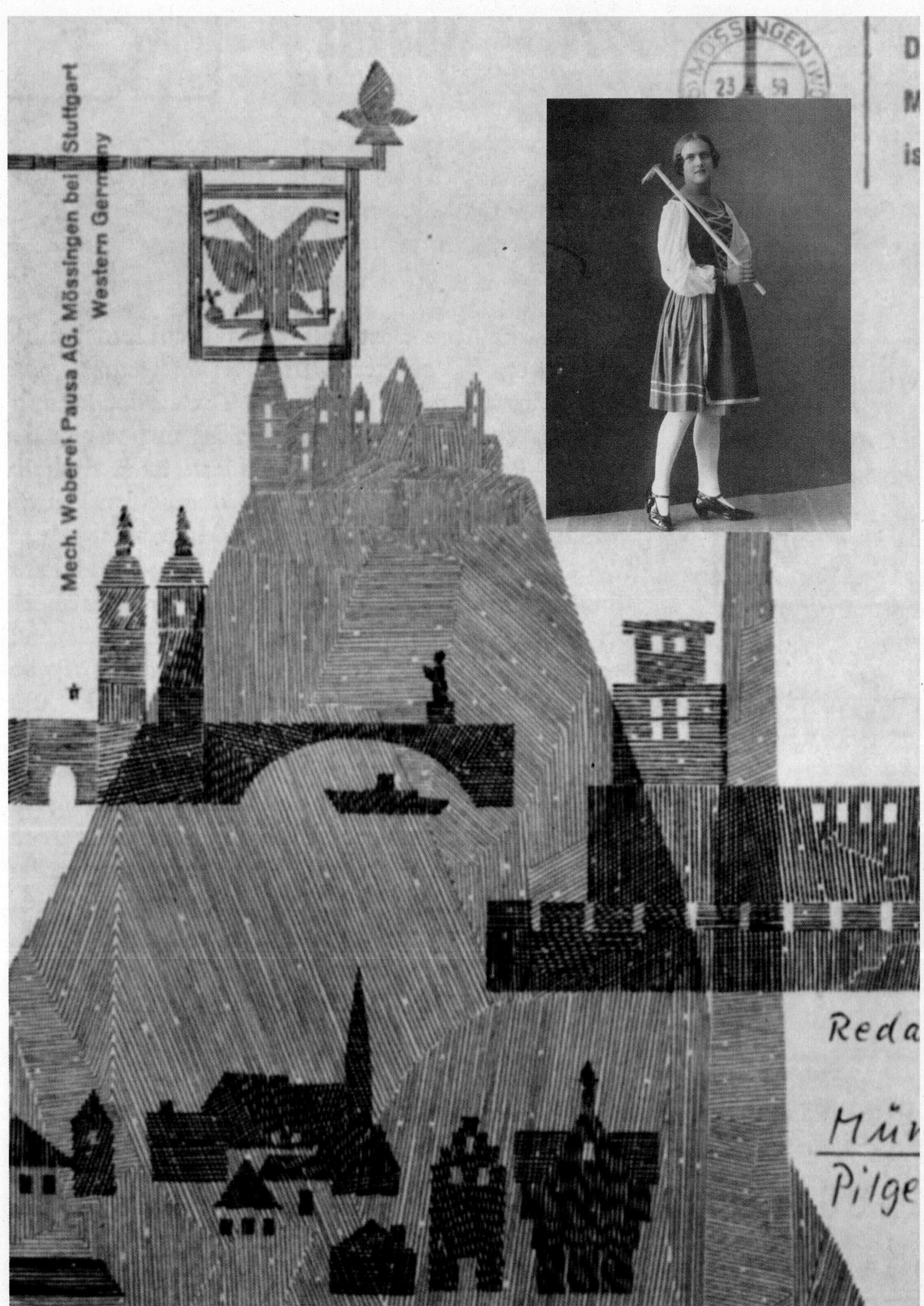

Mech. Weberei Pausa AG. Mössingen bei Stuttgart
Western Germany
MÖSSINGEN
23 4 59
Reda
Mün
Pilge

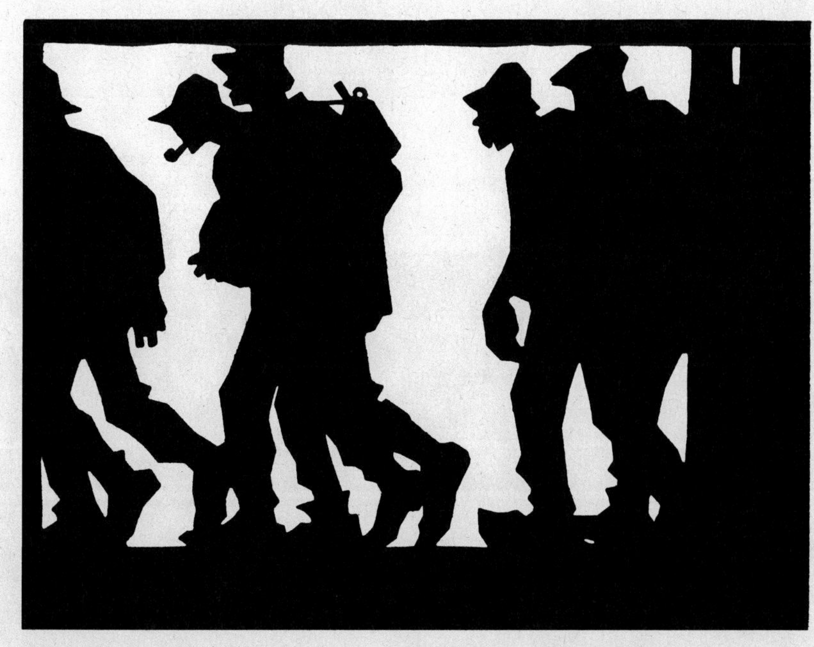

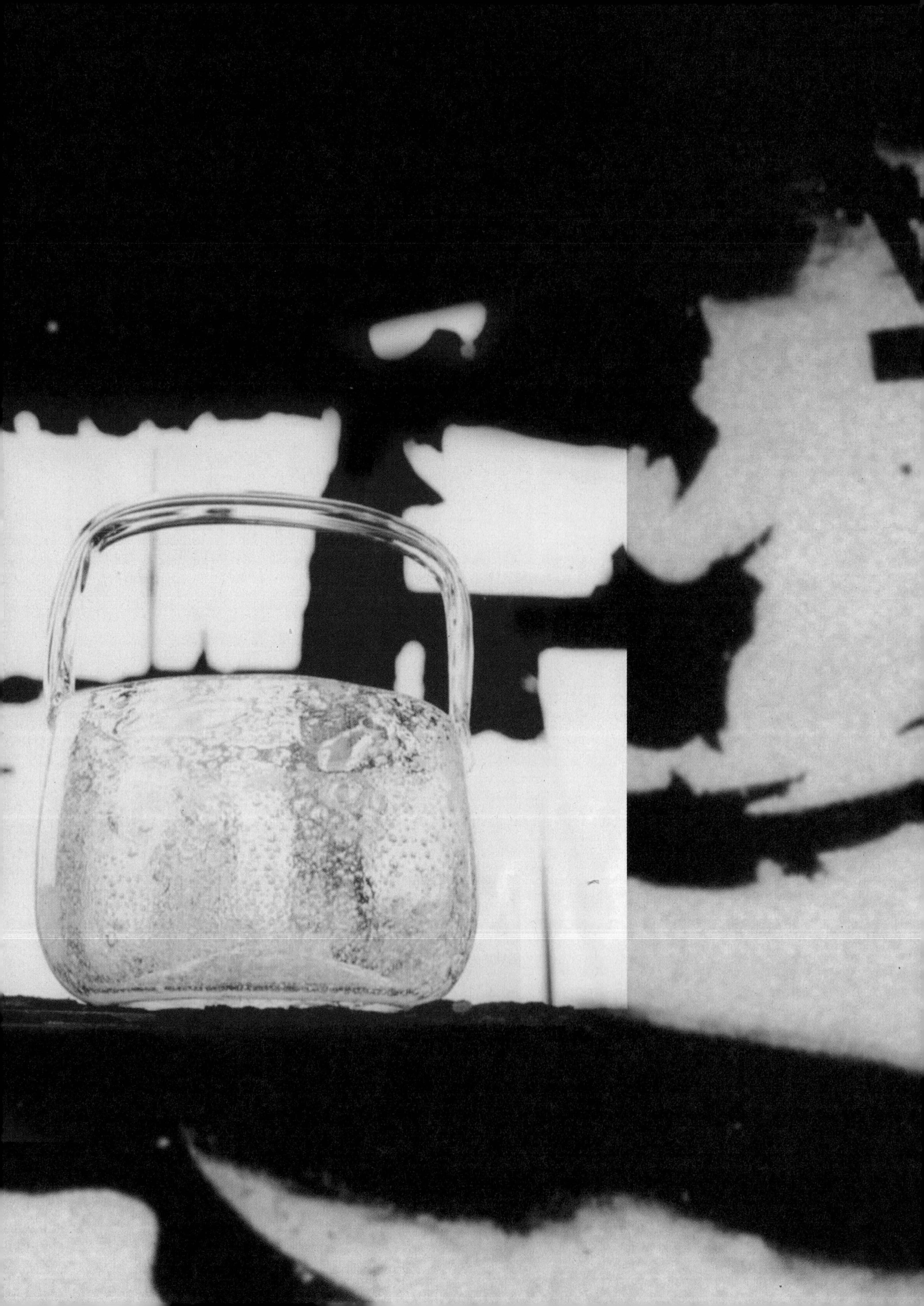

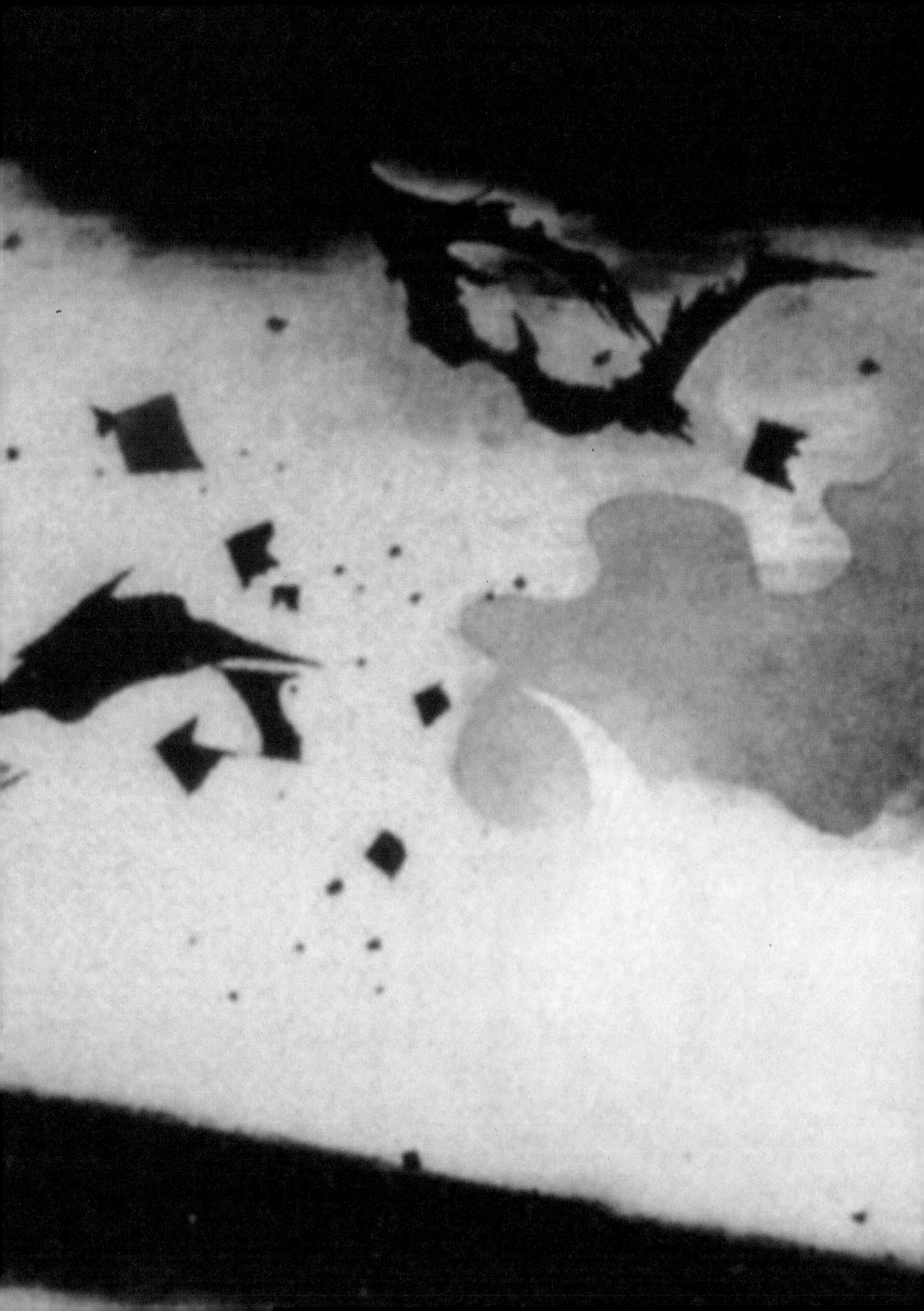

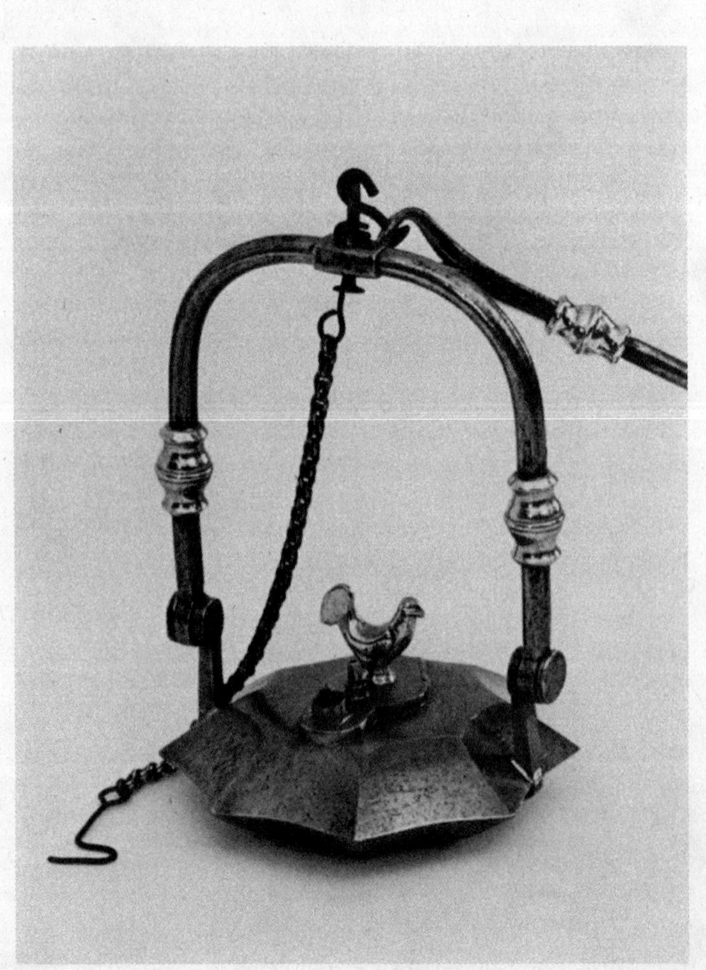

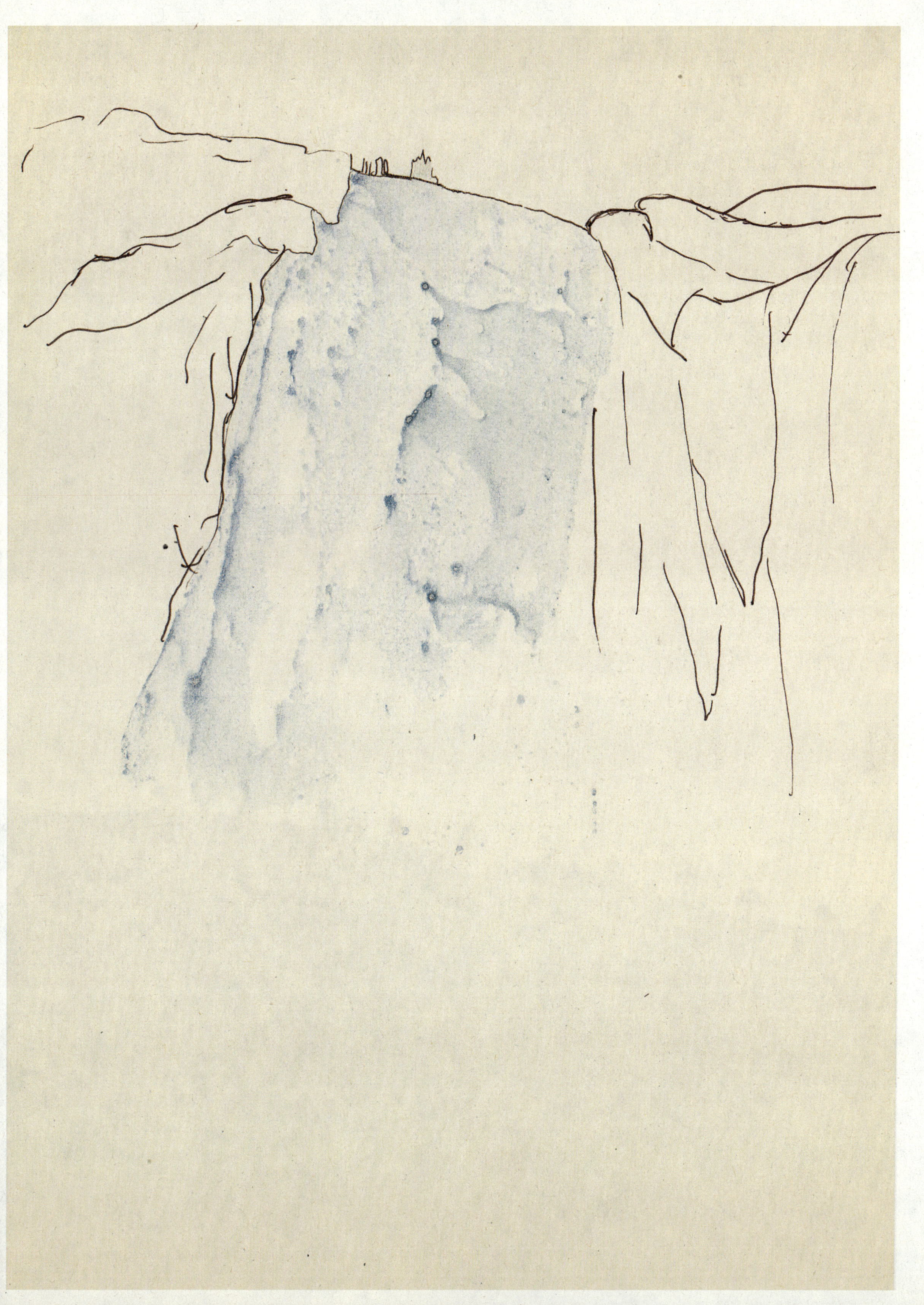

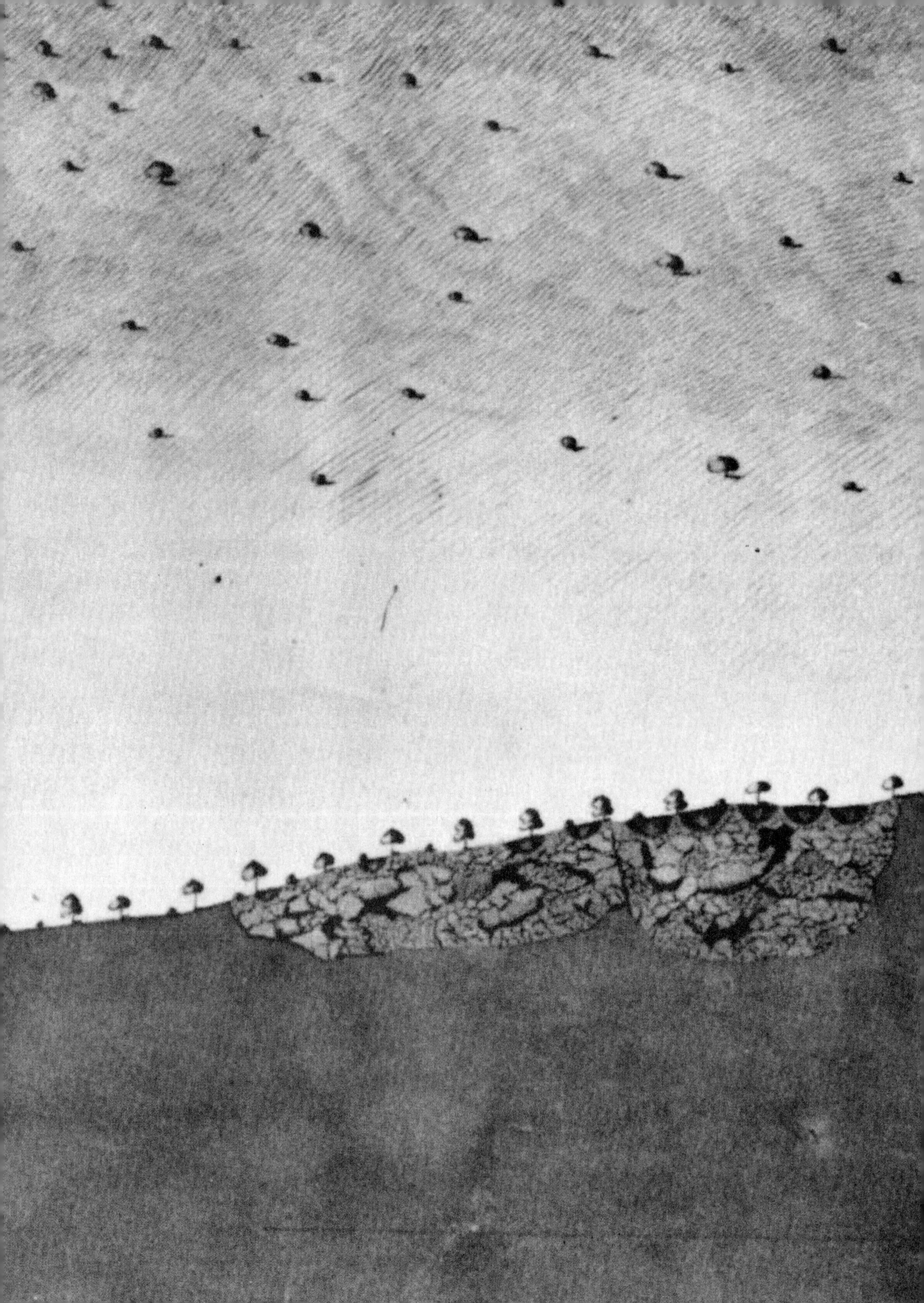

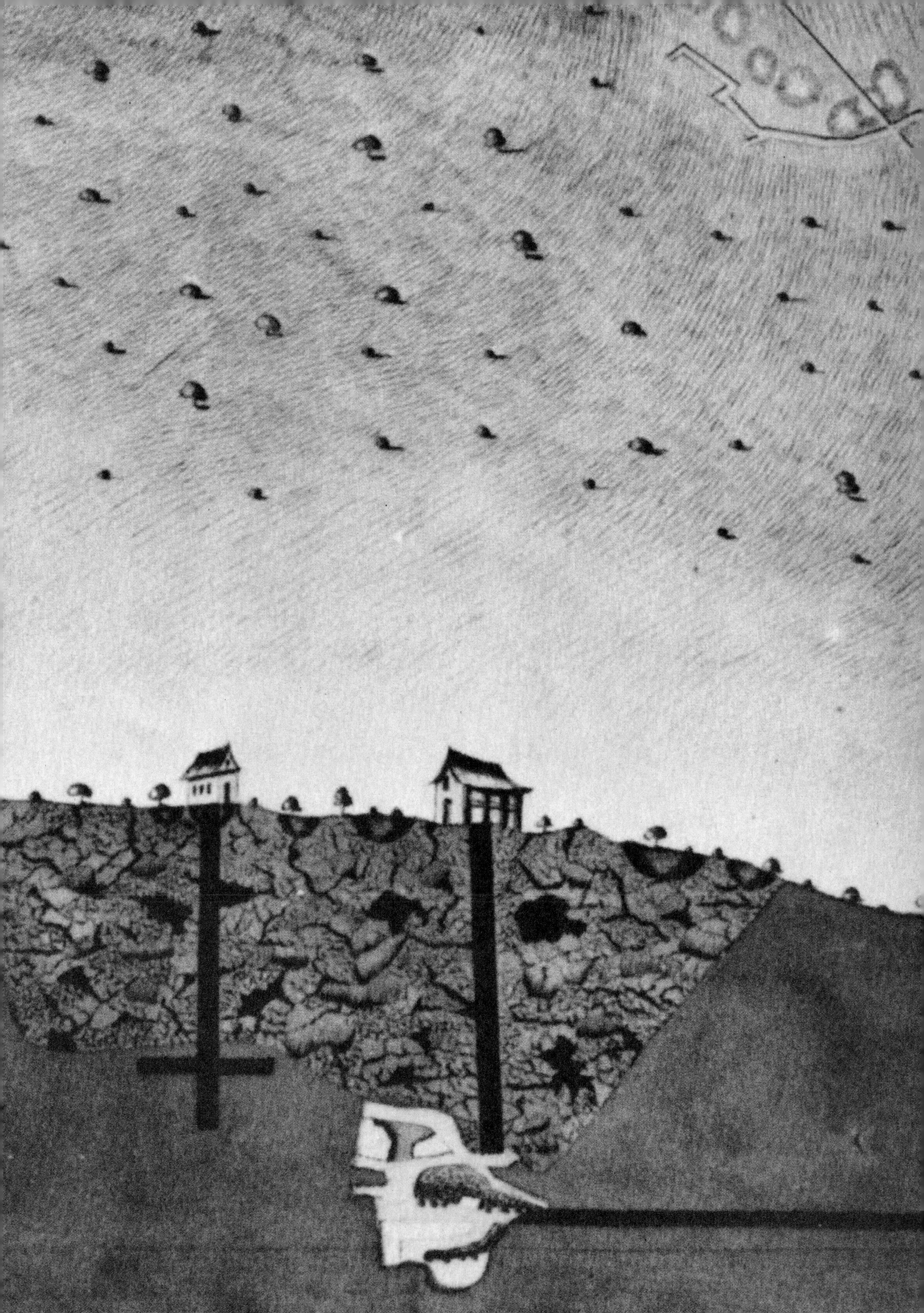

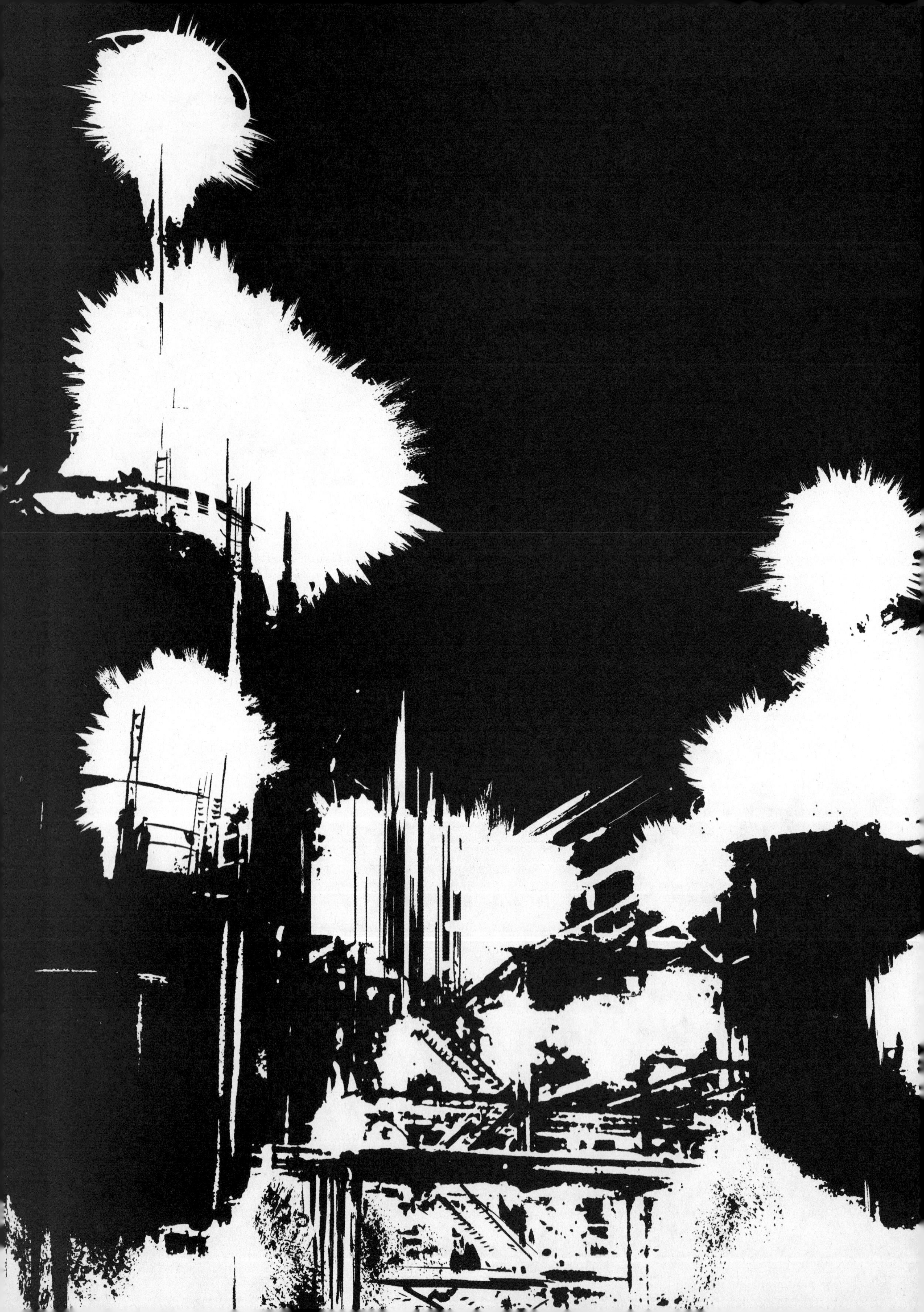

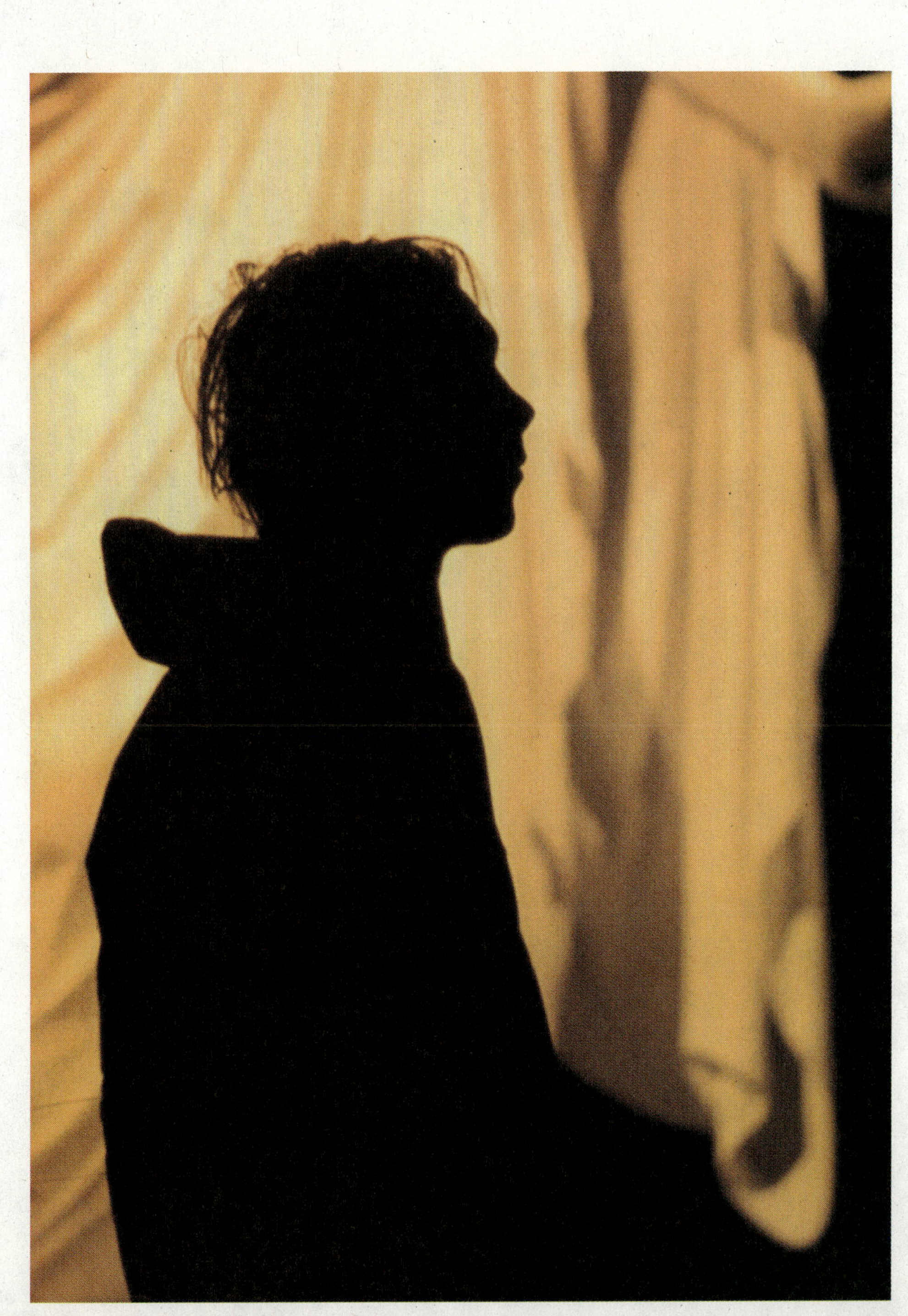

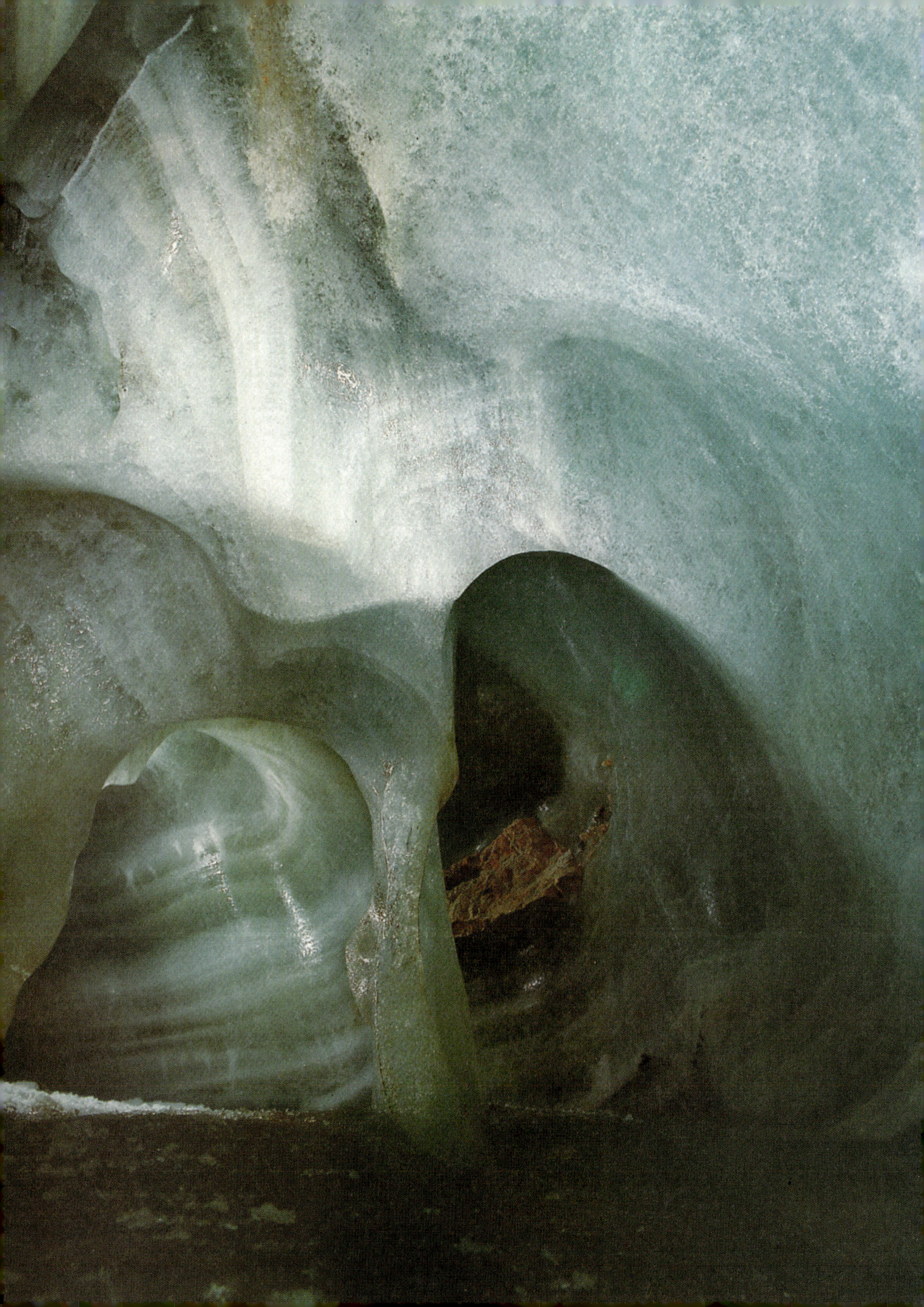

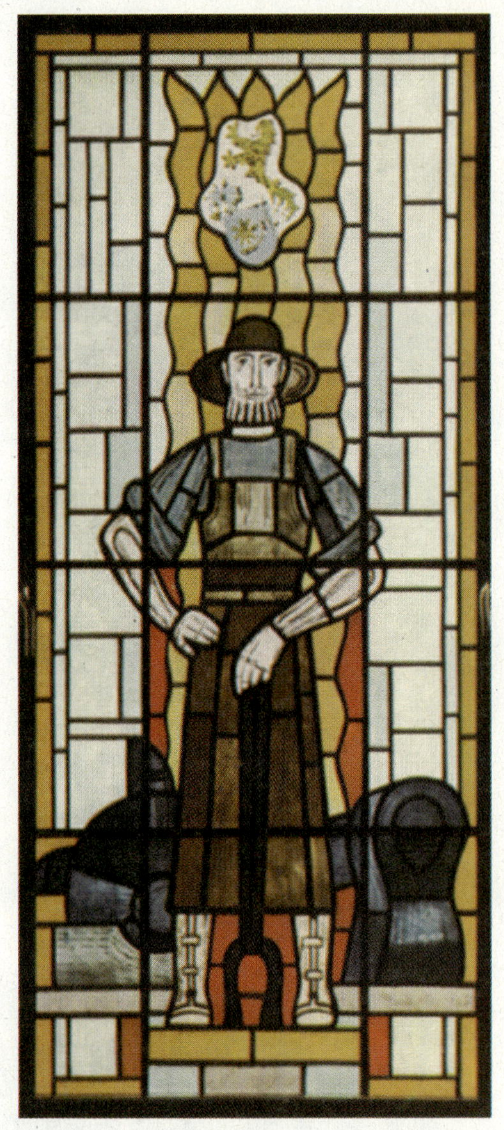

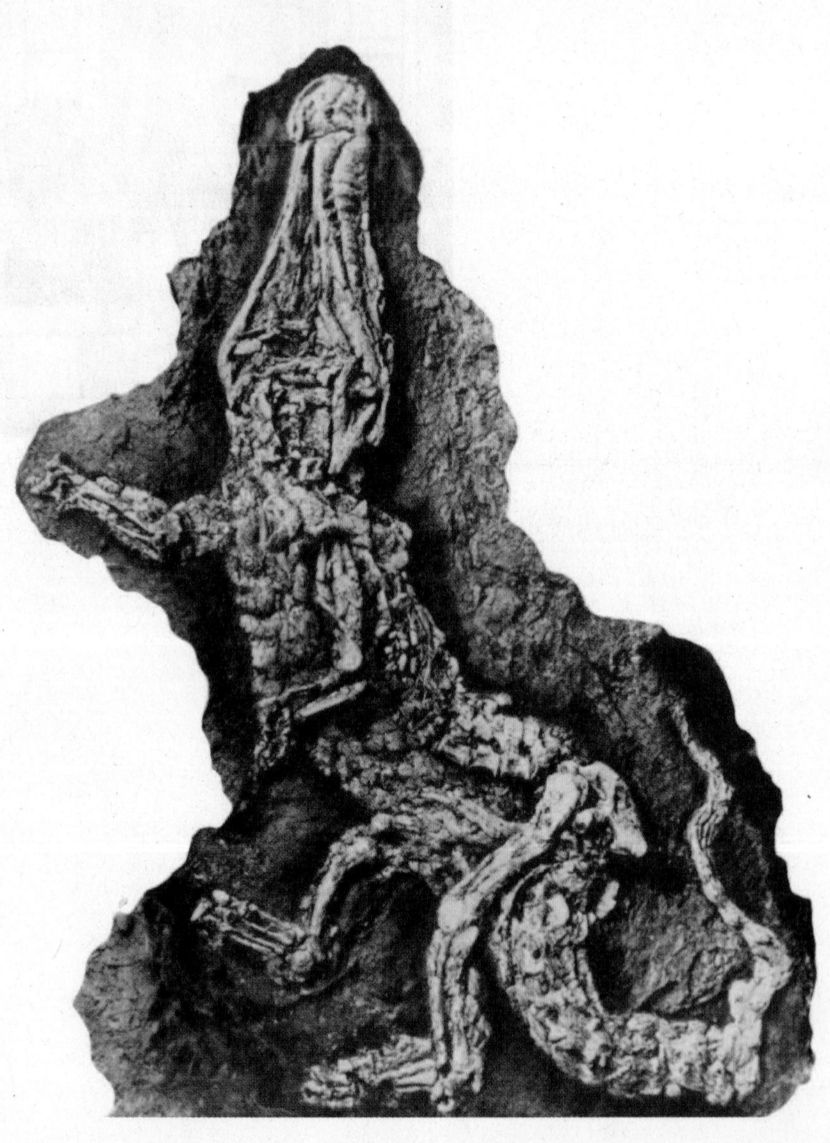

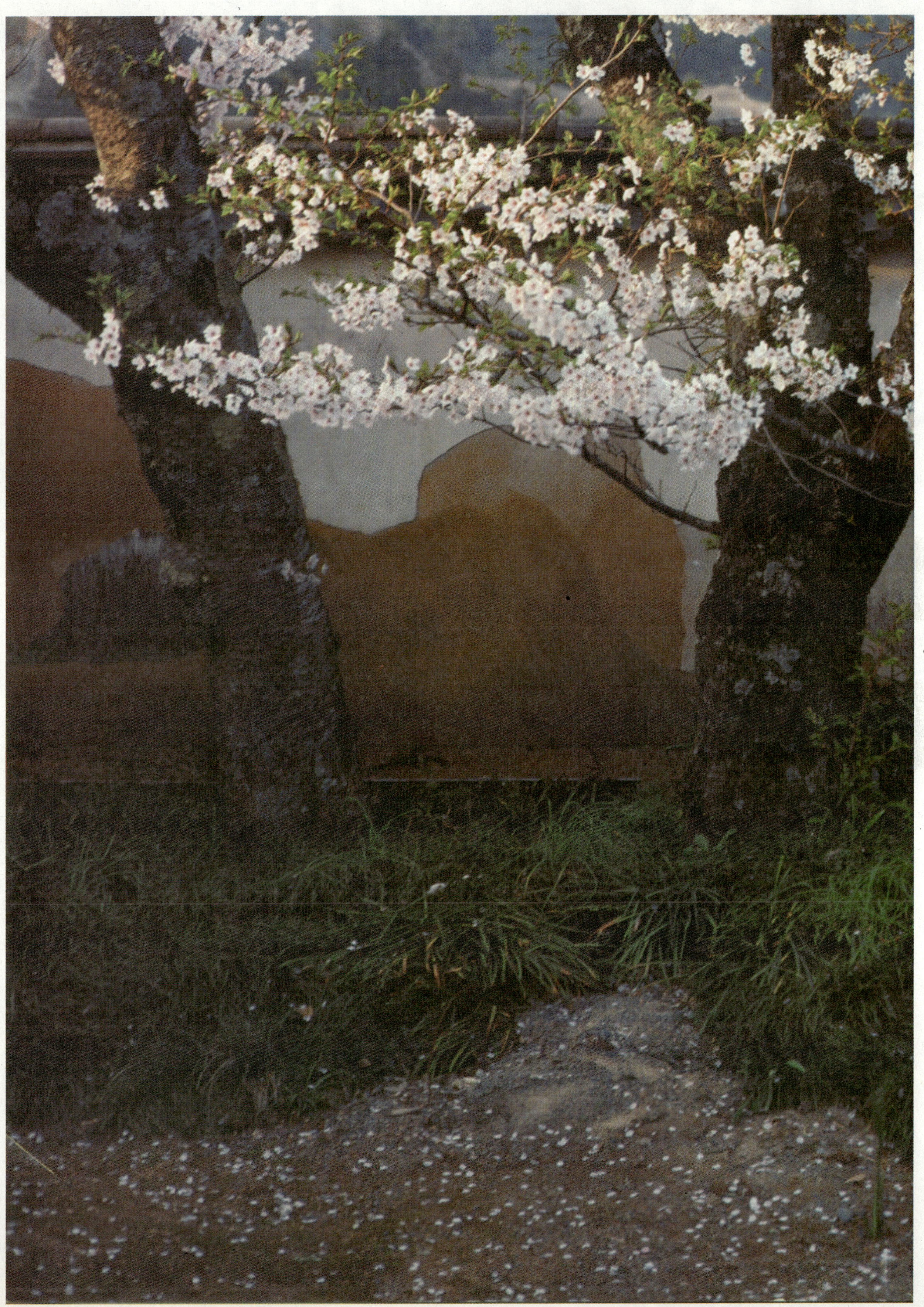

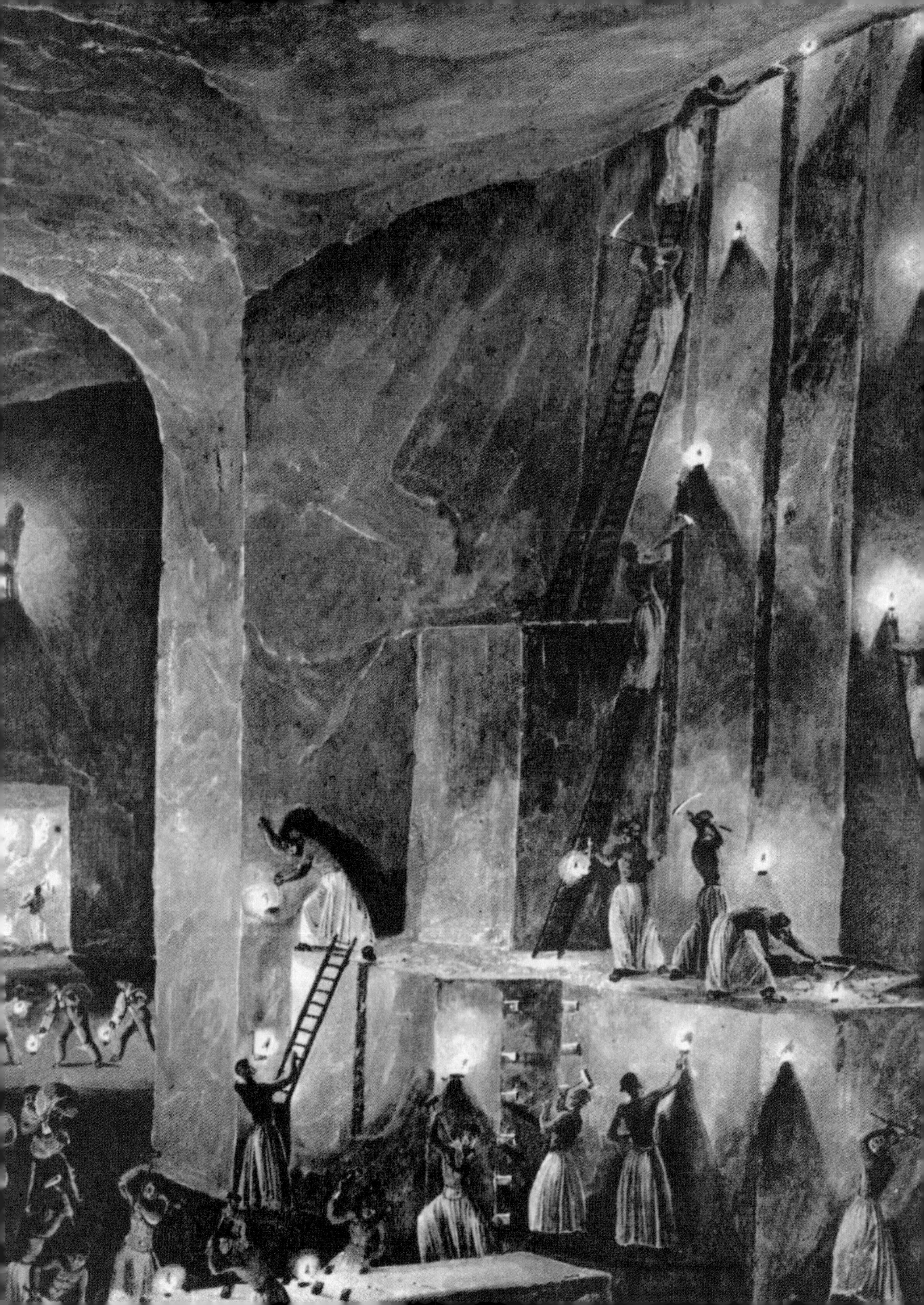

may be that on this particular day he was already exhausted at the start of his shift, which had perhaps just begun and would only end after sunrise, an eternity when one sees oneself as being tied to this place for eight or ten hours while travellers can restore their strength and carry on refreshed. At any rate he was not ready to implement the self-service regulations a little less strictly for once, serving a customer a hot drink at his table.

I would have liked to jump up now and to have brought the cocoa to the bistro table, firstly so as to make the young men there happy and perhaps get into conversation with them, and also to soothe the cook who it seemed was out of sorts not just because of something that had already happened, but in addition because he feared trouble if this basically harmless small group should intend to spend the rest of the night here, drinking beer – as if he imagined fighting or was already thinking about how in the morning he should drag four absolutely sloshed, sleepy, and heavy men into a dark room behind the kitchen where cleaning equipment, flour, and salt for icy paths are stored.

Then the man from the breakdown service tapped me on the shoulder. For a moment I was torn. I gathered my things together, quickly put the half-empty coffee cup in the rack, and wanted to follow the mechanic in the faded overalls outside as quickly as possible, but on the other hand something held me back, perhaps because the hour-long wait I had been told on the telephone to expect had not yet run out, and perhaps because so surprisingly I could not take my leave of this place. I left the cafeteria in a hurry without saying goodbye. I don't think anyone saw me go. On the radio there is probably another brief news summary, pop songs, and always the same commercials where, among other things, we are invited – remarkably for this time of day – to pay a visit (without obligation) to Kamenz's Furniture Paradise. The mechanic was waiting at my car, which was the only one on the parking lot apart from the vehicle with a Czech number plate. It was cold, there was no more music, I was back in the Brandenburg night.

The young man shone a light on the motor and said something. I didn't listen to him prop-

erly. I was breathing the winter air while he was adjusting wires and spraying contacts. Even before he assured me that I would get home all right, I felt a weight fall away from me. Forgotten was the knocking as if the engine would fly apart at any moment; forgotten the roadworks without any hard shoulder, which I had not yet left behind; even forgotten that the young man here at the newspaper and confectionery kiosk, who later vanished into an office and did not re-emerge, had at first not wanted to let me make a telephone call, instead indicating a pay-phone in the entrance without being ready to give me change for a note; forgotten that finally a woman's voice repeated time and again that the number dialled could not be reached from this telephone; forgotten that in my desperation I ran out to the petrol pumps to find someone else who could perhaps let me use their mobile phone; and finally forgotten too how embarrassing it was for me when the pump attendant, obviously the man leasing this set-up, took me inside again and instructed the part-time cashier or apprentice to link me up with the breakdown service by way of the house telephone. And had I not long wished to spend more time at one of these motorway service stations than is required to pay for petrol or buy a drink; have I not always imagined how exciting it would be to be in a situation permitting me to soak up in peace the smell of cleaning materials, listen to night radio, and devote myself for a while to artificial flowers?

I get into the car, start the engine, and then I'm on the motorway again. I have registered that I should not drive faster than eighty km per hour. Now in this first night of winter I can understand the technical explanations about how at high speeds the engine is cooled down so that it cannot turn over. If the banging and the faltering start once more, I should stop briefly where I can park so that the engine can warm up again. The radio is not switched on, I smoke, and shortly before the turn-off for Dresden the man from the breakdown service overtakes me, flashing his indicator into the night in friendly fashion before continuing towards Cottbus.

So I roll on until a brightly lit industrial site becomes visible on the left-hand side: Schwarzheide. Unrefined oil. Of course there exists heavy, dark, unrefined oil. Now it becomes clear to me – How could I have forgotten? – that refined forms of oil are clearly different from the raw material. Now the stuttering returns – just a hint but I don't want it to get worse so I turn off into the next motorway parking possibility. I wait, but not impatiently, filled with an unanticipated composure. I feel transformed. Home is not so much further now. The engine only needs a break. I get out. No other car passes by at this hour. I am alone. Schwarzheide is left behind and Sorbic Schornegosda shines in the night for no-one except me. On the other side, across an open field, a sky full of stars.

Gradually these dots become paler and some are vanishing already. In the East I see that the dark-blue sky is beginning to be permeated by a trace of red. Soon the sun will rise. The new day is there. I haven't slept for a moment, haven't washed. I stub out my cigarette on the tarmac, stretch, and jump over the crash-barrier which separates the parking place from the field. Fresh and strengthened I enter the morning.

Transformationen von Dekor –
Der Prozess der Auflösung bei Heike Beyer

CHRISTINE LITZ

Die Materialien in den künstlerischen Arbeiten von Heike Beyer zeichnen sich durch eine spezifische Ökonomie der Mittel aus. Es handelt sich vornehmlich um Artikel, die zur Ausschmückung von öffentlichen oder privaten Räumen bei festlichen Anlässen verwendet werden. Zu diesen gehören Papiergirlanden und Wimpel, Bahnen aus Krepppapier sowie Luftballons und Ketten aus echten Blüten. Sie sind nicht nur leicht zu handhaben und zu verarbeiten, kurzfristig anzubringen und zu entsorgen, sondern auch als symbolische Zeichen für temporäre Dekoration allgemeinverständlich. Überall wo sie eingesetzt werden, kennzeichnen sie Ereignisse, die vom Alltag verschieden sind. Die Dekoration ist Teil eines Blendwerkes, das es vermag, Orte zu Festorten zu machen. Mit ihrem Auftauchen ist die Herstellung von Ausnahmezuständen für wenige Stunden verbunden.

Beide Orte – der dekorierte, für kurzlebige Ereignisse ausgeschmückte Ort der Feierlichkeit und der explizit ausstellende, auf dauerhafte Präsentation angelegte museale Ort – vermögen es, mit ihren eigengesetzlichen Prinzipien Zeit zu schöpfen. Zugleich jedoch widersprechen der Zeitanspruch von Dekoration und (Kunst-) Museum einander, formuliert das (Kunst-) Museum doch einen Zeitbegriff außerhalb des alltäglichen Lebens. So wie die Dekoration die kurzfristige Unterbrechung des Alltages darstellt, ist das (Kunst-) Museum vom Alltag befreit als ein Ort der Gleichzeitigkeiten. Schon die Tatsache, dass Heike Beyer diese üblicherweise längstens für einen Tag, meist nur für einige Stunden angelegten symbolischen Transformationen in eine Dauer überführt, für die sie ge-

rade nicht gedacht sind, zeigt, dass ihre Verwendung der Materialien nicht den Intentionen von Dekoration unterliegt. Ihre auf die spezifischen Ausstellungsorte hin sorgfältig konzipierten Inszenierungen sind weniger den dekorativen Effekten des Materials und deren Untersuchung geschuldet, vielmehr sucht die Künstlerin die spezifischen Eigenschaften von Dekoration, präziser die Eigenschaften der dazu verwendeten Materialien in den Blick zu bekommen.

Die Installationen widersetzen sich darüber hinaus auch der nahe liegenden Deutung, hier solle Dekoration oder der Akt des Dekorierens selbst ausgestellt werden. Das würde nämlich bedeuten, dass das kurzfristige Moment einer intakten Inszenierung bewahrt werden müsste. Heike Beyer rechnet aber gerade mit der Prozessualität, mithin bis zum Verfall. Ihre in der Ausstellung „Superca …" im Stedelijk Büro Amsterdam gezeigten Wände aus Ballons beispielsweise verlieren über die Ausstellungsdauer Luft, werden unförmig und schrumpelig. Die im Rahmen des Peter-Mertens-Stipendium 2003 für den Bonner Kunstverein zu Girlanden aufgefädelten Blüten mit dem Titel „Jelängerjelieber", die noch zu Ausstellungsbeginn zu Ketten von üppiger, farbenfroher Pracht aneinander gereiht sind, verblühen innerhalb weniger Tage und sind schließlich strohige Trockenblumen, deren gänzlicher Verfall nur eine Frage der Zeit ist. Die Künstlerin ergreift jedoch keinerlei Maßnahmen, die – sobald eine Materialermüdung erkennbar ist – eine Ersetzung oder aber die Konservierung der Materialzustände zum Ziel hätten. Es geht also weder um das Dekorieren noch um das Ausstellen der Vergänglichkeiten und Täuschungen durch den schönen Schein, das künstlerische Interesse richtet sich vielmehr auf die prozessualen Veränderungen der Gegebenheiten – mitsamt ihrer absehbaren, aber auch unerwarteten (Zwischen-)Stadien.

Betrachtet man die zeitliche Komponente dieser Stadien, so bekommt man die in ihnen kulminierenden, voneinander differierenden Ansprüche an Zeit in den Blick, die zugleich in sich selbst widersprüchlich sind. Die festlichen Anlässe, die durch Dekoration angezeigt werden, sind zum einen auf Schnelllebigkeit und Vergänglichkeit angelegt, sie sind zum anderen aber auch oft ein (jährlich) wiederkehrendes Ritual. Die museale Zeit dagegen wird mit einem Ewigkeitsanspruch verbunden, ist aber wie keine andere damit beauftragt, Gleichzeitigkeiten herzustellen und die Exponate auf ihre Aktualität hin zu befragen. Unter dieser Perspektive thematisiert sich Dauer als prozessualer Vorgang.

Die spezifische Herausforderung des DC:Saales liegt zum einen in seiner schieren Größe (16 x 18 Meter bei einer Höhe von 12 Metern), die ihm durch die Ausstellungen vor allem großformatiger Gemälde den Namen „Heldensaal" eingebracht hat. Zum anderen liegt sie in der besonderen architektonischen Gegebenheit, von mehreren Ebenen einseh- und wahrnehmbar zu sein. Eine Präsentation muss nicht nur die Dimensionen des DC:Saales berücksichtigen, sondern immer auch mit dem Blick vom Balkon aus rechnen. Diese beiden Konditionen gilt es einzukalkulieren.

Heike Beyer lässt einen Teil des DC:Saales mit grell bunten Krepppapierbahnen überziehen. Es entsteht ein locker gewobener Baldachin aus in- und übereinander gekreuzten Bahnen, welche über drei Seiten des Raumes gespannt sind. Steht man im Saal selbst – so imaginiere ich das jedenfalls –, wird der mit Krepppapier überzogene Part in farbiges Licht getaucht. Das wird zum einen eine atmosphärische Veränderung des Raumes bewirken und zum anderen den Blick nach oben lenken, wobei man der enormen Raumhöhe gewahr werden wird. Betrachtet man die Installation von der etwa in der Mitte der Raumhöhe gelegenen Balkonbrüstung aus, so wird man auf ein Gewebe aus bunten

Streifen Krepppapierr blicken, durch das nur schwerlich das darunter Liegende zu sehen sein wird. Dafür wird der Zwischenraum hinauf zu den Dachfenstern, den so genannten Sheds, eine eigenständig wahrzunehmende Dimension werden.

Unter dem vom Krepppapier überspannten Teil des DC:Saales werden Vitrinen aufgestellt, die mit Mineralien gefüllt sind. Die aus verschiedenen mineralogischen Sammlungen zusammengestellte Auswahl folgt keiner Kennerschaft, sondern ist von einer jahrhundertealten Legende geleitet, die besagt, dass Kristalle aus Eis bestünden, und zwar aus so kaltem Eis, dass es niemals schmelze. Diese simple, einleuchtende und poetische Erklärung für das Phänomen Kristall leitet die Selektionskriterien von Heike Beyer. So sind vor allem solche Steine zu sehen, die im weitesten Sinn eine Erinnerung an Eis hervorrufen, die beispielsweise wie Stücke liegen gebliebenen Eises oder wie ein zugefrorener See aussehen. Die Kombination von Dekorationsmaterial und Mineralien ist eine von Schnelllebigkeit und Langlebigkeit, entspricht aber auch dem mikroskopischen und dem teleskopischen Blick.

Herauszustellen ist, dass es sich bei den Mineralien nicht um vordergründig attraktive Exponate handelt, sondern um solche, deren Qualitäten sich erst auf den zweiten und dritten Blick erschließen. Ein ästhetisches Kriterium, das auch oft die Auswahl der anderen von Heike Beyer verwendeten Materialien leitet, wie beispielsweise die Wahl des Krepppapiers zeigt.

Krepppapier findet sich in vielen Haushalten und wird mit Basteln assoziiert. Heike Beyer nutzt es in seiner handelsüblichen, für den Großverbraucher angebotenen Form. Ein Pfennigartikel. Unprätentiöser geht es kaum. Neben dem Unglamourösen ist es ein extrem schematisches Material für Kreation; fast schon ein Inbegriff für die Formen von Kreativität, wie sie sich in Bastelbögen findet. Es gibt es in konfektionierten Größen, in einem Farbspektrum, das gemeinhin mit Fröhlichkeit assoziiert wird, aber auch modischen Trends aufgeschlossen ist. Wer schon einmal einen mit Krepppapier geschmückten Maibaum verschenkt oder geschenkt bekommen hat, weiß auch um die Kurzlebigkeit dieser Farben, die sich nach dem

ersten Regenguss oder aber auch nach einigen
Stunden intensiver Sonnenbestrahlung ver-
flüchtigen. Zurück bleiben ausgeblichene bzw.
ausgewaschene Streifen von kaum mehr er-
kennbarer Farbigkeit. Diese extreme Veränderbarkeit macht Heike Beyer sich zu Nutze, indem
sie das im DC:Saal installierte Krepppapier dem
Tageslicht aussetzt. Das durch die Dachfenster
hereinkommende Licht ist zwar Nordlicht, wird
aber – zumal in den Sommermonaten – über
kurz oder lang eine Verfärbung des Materials
bewirken. Ein stetiger Prozess des Ausblühens,
den man jedoch als Betrachter nicht unmittel-
bar wahrnehmen kann, obwohl am Ende der
Ausstellung doch ein frappierend anderer Ton
zu sehen sein wird. Das von Heike Beyer für die
StadtRevue geschaffene Insert, das auch den
Bildteil dieses Kataloges bildet, nimmt diese
Veränderbarkeit auf, indem ein besonders licht-
empfindliches Papier jedem die Möglichkeit
gibt, sein eigenes Fotogramm zu machen. So
kann man ein fragiles, weil nicht fixierbares
Bild schaffen.

Das Interesse daran, was Auflösungsprozesse
bewirken, scheint in allen ihren Arbeiten angelegt, so eben auch in jener im Kunstverein für
die Rheinlande und Westfalen im Rahmen der
Gruppenausstellung „Zero Gravity" geschaffe-
nen Zuckerarbeit. Dort hat Heike Beyer fast bis
zur Verkohlung geschmolzenen Zucker auf
einen hoch gelegenen Wandabschnitt aufge-
tragen. Der karamellisierte Zustand von Zucker
bewirkt, dass sich die Kristalle durch den Kontakt mit normaler Luftfeuchtigkeit verflüssigen.
Die zunächst harte, braunschwarze Oberfläche
löst sich schichtweise nach und nach in kleine
Tröpfchen auf, die sich wiederum zu feinen
Linien ausbilden und die Wand hinabrinnen,
um sich auf dem Fußboden zu pfützenartigen
Formen zu sammeln. Überflüssig im buchstäb-
lichen Wortsinn stellt der der Luftfeuchte aus-
gesetzte Zucker den Übergang in eine andere
Form des Seins dar.

Gerade jener Wandabschnitt, auf dem sich
die karamellisierte Zuckermasse befand, war
jedoch durch ein Dachfenster täglich über meh-
rere Stunden der Sonnenbestrahlung ausgesetzt. Dies bewirkte offensichtlich eine drama-
tische, so nicht abzusehende Reduktion der
Luftfeuchtigkeit in jenem Bereich und hatte zur

Folge, dass die eingerechneten Effekte nicht
stattfanden. Ein Tribut, der der konstitutiven
Kurzfristigkeit der tatsächlichen Installation
geschuldet ist. Prall gefüllte Ballons, frische
Blumen, nicht aufgelöster Zucker und noch
nicht ausgeblichenes Krepppapier verlangen,
erst wenige Stunden vor Ausstellungseröffnung
in Szene gesetzt zu werden – mitsamt dem
Risiko ihrer unabsehbaren und unerwarteten
Zustände. Und darin sind sie dann doch der
Idee von Dekoration nicht unähnlich.

Transformations of Decor –
Heike Beyer and the Process of Decay

CHRISTINE LITZ

The materials in Heike Beyer's works of art are distinguished by a specific economy of means. Most are items used to decorate public or private rooms for festive occasions. Among them are paper garlands and pennants, crepe paper streamers, balloons, and chains of real flowers. Not only are they readily available and easy to work with, but they can be put up and taken down quickly, and they are generally intelligible to all as symbolic signs of temporary decoration. Anywhere they are used, they tell us that these events are set apart from the commonplace. Decoration is part of an illusion that tries to turn ordinary places into festive places. Its appearance is connected with brief, exceptional conditions.

The decorated, festive space, ornamented for short-term events, and the space meant explicitly for display – meaning, the museum space set up for continuous presentation – are both capable of creating time with the help of their own autonomous principles. Simultaneously, however, each has a different notion of time, and each contradicts the other. After all, the (art) museum formulates an understanding of time that has little to do with everyday life. Thus, just as decoration represents a short interruption of daily life, the (art) museum is also free from the ordinary, because it is a place where simultaneities occur. The fact that Beyer takes these transformative symbols, which are usually only employed for a day at the most – generally for just a few hours – and provides them with a permanence for which they are not made, shows that her use of these materials cannot be ascribed to an intent to decorate. Her

settings, carefully conceived for the specific exhibition space, owe less to the decorative effects of the material or an exploration of them. Rather, the artist seeks to examine the specific characteristics of decoration, or more precisely, the characteristics of the materials used for decoration.

Moreover, the installations also resist an obvious interpretation: that decoration, or the act of decorating itself, is on display, for this would mean that the brief moment of an intact setting would have to be preserved. Beyer, however, reckons with the entire process, including disintegration. At the Stedelijk Büro in Amsterdam, her show, "Superca..." featured walls made of balloons, for instance, which slowly lost air over the course of the exhibition, becoming deformed and shriveled. At the 2003 Peter Mertens Grant show in the Bonn Kunstverein, the garlands made of blossoms, entitled "Jelängerjelieber" ("thelongerthebetter"), were, at the beginning of the show, still chains of lush, colourful splendor. Within a few days they faded, finally becoming as dry as straw, their complete decay only a matter of time. However, as soon as it can be seen that the material is fading, the artist does not interfere by taking measures to replace or even conserve the condition of the material. So it is not about decoration, nor about presenting temporality and the deceptiveness of the attractive surface. The artist is more interested in the changes in givens that occur during the process – including the predictable but also unexpected (in-between) states.

If one looks at the time components of these states, one sees the differing, culminating expectations of time, which simultaneously contradict themselves. The festive occasions represented by the decoration are, for one, supposed to be terse and impermanent, but on the other hand, they are also often (annually) recurrent rituals. Time in a museum, on the other hand, has a claim to eternity; unlike anyone else, the museum is expected to manufacture simultaneities and question the current immaterial value of all its exhibits. From this perspective, permanence as process is picked out as a central theme.

One specific challenge of the DC:Space is its sheer size (16 x 18 meters, with a height of 12 meters). Because it has been used primarily to exhibit large-format paintings, it has been nicknamed the "Hall of Heroes." Another challenge lies in one of its special architectural features: it is possible to look into it, perceive it from several levels. A presentation must not only consider the dimensions of the DC: Space, but it must also deal with the view from the balcony. It is important to reckon with these two conditions.

Beyer covered one section of the DC:Space in brightly coloured crepe paper. The result is a loosely woven canopy made of inter- and overlapping streamers, which covers three sides of the room. If one stands in the space – at least, this is the way I imagine it – the crepe paper-covered section is dipped in coloured light. This causes, on one hand, an atmospheric change in the room, and on the other, it guides the gaze upward, so that the visitor becomes aware of the enormous height of the space. If one views the installation from the balustrade of the balcony, which is located at about the center point between the floor and ceiling, one will see a network of colourful crepe paper streamers, which makes it difficult to see what is underneath. However, this allows the viewer to perceive the in-between space, which extends to the skylights, as a separate dimension.

Display cases filled with minerals are set up underneath the crepe paper-covered section of the DC: Space. The selection of minerals culled from various mineralogical collections is not the result of expertise in the field, but is based on an a centuries-old legend, which said that crystals were made of ice – of ice so cold that it would never melt. This simple, reasonable, and poetic explanation for the phenomenon of crystals guided Beyer's selection. That is why most of the stones on display evoke memories, in the broadest sense, of ice. Some of the stones are like pieces of ice or bits of frozen lake. The combination of decorative material and minerals is one of brevity and durability, but it also alludes to the microscopic and the telescopic view.

It emerges that the minerals are not merely exhibits with an attractive surface, but that they are pieces whose qualities are first revealed at a second or third glance. This is an aesthetic criterion that often guides Beyer's selection of materials, as the choice of crepe paper shows, for example.

Many households have a supply of crepe paper, which is associated with arts and crafts. Beyer uses it in its usual commercial form, the way it is offered to wholesalers. A cheap article. Hardly anything is less pretentious. Apart from its lack of glamour, it is an extremely schematic material for creativity, practically an embodiment of the kinds of creative activities found in arts and crafts magazines. It is available in custom sizes, in a colour spectrum that is generally associated with jollity, but is also open to fashionable trends. Anyone who has received or given a present of a Maypole decorated with crepe paper also knows that these colours are short-lived: gone after the first drops of rain or a few hours of intense exposure to sunlight. Faded or washed-out strips of barely recognizable colour are the only remnants. Beyer makes use of this extreme change, exposing the crepe paper installed in the DC:Space to daylight. Even though the light shining through the skylight is northern light, it will eventually alter the colour of the material, especially during the summer months. Although the viewer cannot directly experience this constant process of fading, at the end of the show, an astonishingly different tone will be seen. The insert that Beyer made for the StadtRevue, which is also the visual portion of this catalogue, picks up on this theme of change: an especially light-sensitive type of paper will allow readers the chance to make their own photograms. One can make one's own fragile image: fragile, because it cannot be chemically fixed.

An interest in the effects of various processes of dissolution and decay seems to be present in all of Beyer's works. It could also be seen in the sugar work featured in a group show at the Kunstverein für die Rheinlande und Westfalen entitled "Zero Gravity." In this show, Beyer took sugar, burned so that it melted almost to the point of turning into coal, and then applied it to an upper section of a wall. Because the sugar was caramelized, contact with normal humidity melted the crystals. The hard, brown-black surface dissolved, layer by layer, into small drops, which in turn formed fine lines that ran down the wall and eventually gathered on the floor in puddle-like shapes. As it was exposed to the humidity, the sugar became super-fluous in a literal sense, allowing the viewer to witness its transformation into another state of existence.

However, the sugar-covered section of the wall was also exposed to a skylight, and thus to several hours of sunlight per day. This obviously caused a dramatic, but unpredictable reduction of humidity in the area, with the result that the calculated effect was not achieved. A tribute demanded by the brevity of the actual installation. Balloons filled to bursting, fresh flowers, unmelted sugar, and unfaded crepe paper require setting out just a few hours before the opening of the show – with the risk that their condition might take unpredictable, unexpected turns. And in this sense, they are perhaps not so unlike idea of decoration.

Kristalle. Über die Vergänglichkeit von Steinen

JULIA FRIEDRICH

Kristalle, in Vitrinen. Marmor, Gips, verschiedene Quarze, schimmernd in kalten Weißtönen. Geschichtslos, unvergänglich: Nichts ist älter, nichts währt ewiger als ein Stein. Doch zugleich wirken Heike Beyers Kristalle höchst fragil: Als dienten die Vitrinen, in denen sie gelagert werden, ihrem Schutz, dürften sie nicht der Außenwelt ausgesetzt werden, brächte schon ein Luftzug, ein Hauch sie zum Schmelzen.

Es ist diese Gleichzeitigkeit, dieser in den Stein eingeschlossene Widerspruch von Ewigkeit und Vergänglichkeit, den Heike Beyer mit ihrer Installation vor Augen führt. Sie greift damit auf eine sehr alte Vorstellung zurück, eine der ältesten überhaupt, die sich Menschen, diese aus Fleisch und Blut gebauten, beständig alternden, von Geburt an verfallenden Wesen von der Ewigkeit gemacht haben: Nichts währt ewig, nicht einmal die Ewigkeit selbst, was fest ist, kann sich verflüssigen. Umgekehrt aber kann auch das Flüssige, Flüchtige sich verfestigen, gerinnen, zu Stein erstarren – wie im Alten Testament Lots Frau. Auch sie ist eine Flüchtige, dem brennenden Sodom Entrinnende, und wird von Gott zur Strafe dafür, dass sie zurückblickt, sich der Vergangenheit zuwendet, also an der Dauer menschlicher Zustände festhält, zu ewiger Dauer verurteilt.

Die Extreme berühren sich, verwandeln sich ineinander. Die Antike – und in ihrer Folge die ganze westliche Kulturgeschichte – wimmelt von solchen Metamorphosen, solchen Versteinerungen und Verflüssigungen, Erstarrungen und Erweckungen. Im Mythos von Deukalion und Pyrrha etwa wird nach einer Sintflut das menschliche Geschlecht neu erschaffen, aus

Steinen. Die Göttin Themis trägt den beiden auf, die „Gebeine ihrer Mutter" hinter sich zu werfen. Mit der Mutter aber ist die Erde gemeint, ihre Gebeine sind die Steine. Die anorganische Materie hat also einen organischen Ursprung, Stein und Bein sind im Mythos eins, und aus den versteinerten, todesstarren Knochen der Mutter kann neues Leben entstehen:

So gingen sie denn seitwärts [...] und warfen, wie ihnen befohlen war, die Steine hinter sich. Da ereignete sich ein großes Wunder: das Gestein begann seine Härtigkeit und Spröde abzulegen, wurde geschmeidig, wuchs, gewann eine Gestalt; menschliche Formen traten an ihm hervor, doch noch nicht deutlich, sondern rohen Gebilden oder einer in Marmor vom Künstler erst aus dem Groben herausgemeißelten Figur ähnlich. Was jedoch an den Steinen Feuchtes oder Erdichtes war, das wurde zu Fleisch an dem Körper; das Unbeugsame, Feste ward in Knochen verwandelt; das Geäder in den Steinen blieb Geäder.[1]

Ein altes Thema also, eines der ältesten: die ewige Verwandlung des Ewigen in Vergängliches, die Beständigkeit des Wandels. Heike Beyer zeigt einen Ausschnitt daraus, die Momentaufnahme eines endlos fortlaufenden Prozesses. Sie friert einen Augenblick ein, damit wir das Ganze in den Blick nehmen können. Für ihre Installation hat Beyer Kristalle ausgewählt, jene Steine also, die den höchsten Grad an „Härtigkeit und Spröde" besitzen – und die doch bei ihr so wirken, als zerflössen sie, nähme sie einer aus den schützenden Vitrinen heraus. Der Augenblick, den Beyer festhält, ist der kurz vor dem Übergang vom Festen ins Flüchtige, vom

Toten ins Lebendige. Und vom Kalten ins Warme: Denn ihre Vitrinen bewahren die Kristalle nicht nur vor der Außenluft, sondern auch vor der Wärme. Sie erinnern an Kühltruhen, an eisige Sarkophage, in denen etwas konserviert wird, das sonst dem Verfall, der Verflüssigung anheim gegeben wäre.

Eine ebenfalls alte, vertraute Vorstellung. Auch Schnee und Eis besitzen eine kristalline Struktur, und Heike Beyer spielt darauf an: Sie zeigt ausschließlich weiße und durchsichtige Kristalle, präsentiert uns hinter Glas eine Eislandschaft. Krystallos ist das altgriechische Wort für Eis. Die alten Griechen und Römer glaubten allerdings nicht, dass die Kristalle schmelzen könnten – im Gegenteil: Dass sie nicht schmelzen, galt ihnen als Beleg dafür, dass sie eine Verwandlung durchlaufen haben, der sie ihre Dauerhaftigkeit verdanken. So wie Wasser in der Kälte zu Eis erstarrt, kann sich das Eis unter dem Einfluss noch größerer Kälte zu Kristall verhärten – diesen in der Antike weit verbreiteten Glauben überliefert Plinius der Ältere. Kristalle sind also besonders tief gefrorenes Eis, so tief gefroren, dass nicht einmal die größte Hitze es zum Schmelzen bringen kann.

In den Häusern der römischen Patrizier war oft ein großer Kristall zu finden, der zu einer Kugel geschliffen war: Er diente zum Kühlen der Hände. Steine, und Kristalle ganz besonders, sind schlechte Wärmeleiter. Die Römer aber glaubten, die erfrischende Kühle des Kristalls verdanke sich seinem Ursprung, er habe die Kälte, die ihn zum Kristall erstarren ließ, gespeichert und könne sie abgeben an jeden, der ihn berührt.

Heike Beyer zeigt uns allerdings nicht den Augenblick der Verfestigung, Versteinerung des Flüssigen und Lebendigen, sondern die Kälte, die in ihren Vitrinen zu herrschen scheint, soll die Verflüssigung des Festen aufhalten: Das Tote soll nicht zum Leben erwachen. Die Kälte konserviert, sie schützt das Tote vor dem Angriff des Lebendigen. Weil wir selbst lebendig sind, in unseren Adern warmes Blut pulsiert, ist uns dieser Gedanke wenig vertraut. Wir sehen nicht, dass das Tote sich des Lebendigen erwehren muss wie das Lebendige des Toten. Das Leben scheint uns, da wir selbst es leben, schutzbedürftiger zu sein. Das ist eine sehr menschliche Perspektive. Es muss aber nicht die richtige sein

und ist gewiss, Heike Beyer führt es uns vor, nicht die einzige.

Und manchmal nehmen wir auch die andere ein. Etwa wenn von der Erwärmung der Erde die Rede ist. Die Vorstellung ist wissenschaftlich vielleicht nicht haltbar – aber als Vorstellung doch vorhanden: dass das Abschmelzen des Polareises, das Abtauen der Gletscher sich den Ausdünstungen der menschlichen Zivilisation verdankt. Als ob es der menschliche Atem, der Atem aller Menschen wäre, der das Eis zum Schmelzen bringt und die Pegel der Flüsse und Meere steigen lässt. Im Prometheus-Mythos, in der biblischen Schöpfungsgeschichte ist es der göttliche Atem, der die Menschen zum Leben erweckt. Ihr eigener Atem scheint nun auf das letzte Refugium des Todes überzugreifen, er erreicht die Gegenden der Erde, in denen es nichts als Schnee und Steine gibt. Er erreicht das ewige Eis – um ihm seine Ewigkeit zu nehmen.

Es kann aber auch der Atem gefrieren. Wenn er sich im Winter auf einer kalten Fensterscheibe niederschlägt, bilden sich Eiskristalle. In ihnen drückt sich das Leben ab, gewinnt der Atem Dauer. Er vergegenständlicht sich, versteinert, um den Preis seiner Lebendigkeit. Vielleicht ist Dauer nur zu erreichen, wenn um ihretwillen das Leben geopfert wird. Bekanntlich gibt es Menschen, die sich nach dem Tod einfrieren lassen, in der Hoffnung, es werde dereinst möglich sein, sie wieder zum Leben zu erwecken. Es sollen aber gerade das Gefrieren, die Kristallisierung der Körperzellen Schäden anrichten, die eine Wiederbelebung unmöglich machen. So haben gerade die gefrorenen, versteinerten Leichname nicht am ewigen Leben teil – aber immerhin an der Ewigkeit, auch wenn diese einer ewigen Totenstarre gleicht.

Steine in Vitrinen, kalte, starre, harte Kristalle, zu Stein gefrorenes Eis, das auftauen, sich verflüssigen kann. Wenn etwas auftaut, kann etwas zu Tage treten. In Johann Peter Hebels Kalendergeschichte „Unverhofftes Wiedersehen" liegt unter Tage der Leichnam eines jungen Bergmanns begraben. Fünfzig Jahre lang ruht er in seinem steinernen Grab:

Als aber die Bergleute in Falun im Jahr 1809 etwas vor oder nach Johannis zwischen zwei Schachten eine Öffnung durchgraben wollten, gute dreihundert Ellen tief unter dem Boden

*gruben sie aus dem Schutt und Vitriolwasser den
Leichnam eines Jünglings heraus, der ganz mit
Eisenvitriol durchdrungen, sonst aber unverwest
und unverändert war, also daß man seine Ge-
sichtszüge und sein Alter noch völlig erkennen
konnte, als wenn er erst vor einer Stunde gestor-
ben, oder ein wenig eingeschlafen wär, an der
Arbeit.[2]*

Heike Beyer will nichts zu Tage fördern. Die
Steine sollen nicht schmelzen, sie sollen konserviert werden, um ihrer konservierenden Kraft
willen. Was in den Steinen verborgen ist, ist in
ihnen gut aufgehoben. Es mag in ihnen ruhen.
Wenn es auftaut, verwest es.

Anmerkungen

1 Gustav Schwab, Sagen des klassischen Altertums. Erster
   Teil, Frankfurt a. M. 1975, S. 19
2 Johann Peter Hebel, Schatzkästlein des rheinischen
   Hausfreunds, Frankfurt a. M. 1984, S. 249

Crystals. On the Temporality of Stones.

JULIA FRIEDRICH

Crystals, in display cases. Marble, plaster, various types of quartz, shimmering in cool, white tones. Without history, eternal: nothing is older, more durable, than a stone. Yet at the same time, Heike Beyer's crystals seem highly fragile. As if the display cases in which they are stored were meant to protect them, as if they should not be exposed to the outside world. A puff, a breath of air, and they would melt away.

It is this double existence, this opposition of eternity and temporality built into the stone, which Beyer's installation presents. With it, she refers to a very old notion, one of the oldest that people – these creatures of flesh and blood, who are constantly aging, decaying from the moment of birth – have of eternity. Nothing lasts forever, not even eternity: whatever is solid can also melt. Inversely, however, even the fluid, the fleeting can solidify, clot, turn to stone – as Lot's wife did in the Old Testament. She too, is on the run, fleeing the burning city of Sodom, and is punished by God because she looks back, turns toward the past. For her attempt to hold onto a lasting human condition, she is condemned to last forever.

The extremes touch, transform into each other. The ancient world, and in its wake, the entire history of Western culture, swarms with these kinds of metamorphoses, these kinds of hardenings and liquefactions, petrifactions and awakenings. In the myth of Deucalion and Pyrrha, for instance, after a torrential flood, the human species is recreated out of stones. The goddess Themis instructed the two to throw the "bones of her mother" behind them. "The mother," however, is the Earth; her bones are the stones. Inorganic material therefore has an organic origin; stone and bone are one in the myth, and new life can spring from the petrified, stiff bones of the mother:

So they went to the side ... and threw the stones behind them, as they were commanded. And then a miracle occurred: the stone began to lose its hardness and rigidity, became pliable, grew, gained a shape; it developed human traits, although they were not clear, but rather raw forms, having a resemblance to a marble when the artist has first chiseled a figure from it. Whatever had been damp or earthlike about the stones became flesh on the body; the inflexible, solid parts became bones; the veins in the stones remained veins.[1]

An old theme, therefore, one of the oldest in the world: the eternal transformation of the eternal into the temporary, the constancy of transformation. Beyer shows a section of it: a rapid recording of an endless, continual process. She freezes a moment so that we can see the whole. Beyer chose crystals for her installation, the stones that have the highest degree of "hardness and rigidity"– and yet, in this work, they seem as if they would melt away if they were taken out of their protective display cases. Beyer preserves the moment just before the transformation from solid into ephemeral, from dead to living. And from cold to warm, for the vitrines not only protect the crystals from the air outside, but also from warmth. They recall freezers, icy sarcophagi, where things are conserved that would otherwise decay, liquefy.

Another old, familiar notion. Snow and ice also have a crystalline structure, and Beyer alludes to this: only white and transparent crystals are on display, presenting an icy landscape behind glass. *Crystallos* is the ancient Greek word for ice. The ancient Greeks and Romans, however, did not believe that crystals could melt: on the contrary, the fact that they did not was supposed to prove that they had gone through a transformation, to which they owed their durability. Just as water turns to ice in the cold, the ice could, under the influence of even greater cold, turn to crystal; Pliny the Elder wrote of this belief, widespread throughout the ancient world. According to it, crystals are especially hard ice, frozen so hard that not even the greatest heat could make them melt.

In the houses of the Roman patricians, one could often find a large crystal shaped like a globe. Its purpose was to cool hands. Stones, crystals especially, do not conduct heat very well. However, the Romans believed that the crystal owed its refreshing coolness to its origin; the crystal stored the cold, which had frozen it, and could now provide it in turn to anyone who touched it.

Beyer, however, does not show us the moment of solidification, the hardening of fluid, of the living. Instead, she shows the cold that is predominant in her display cases, which would hinder the liquefaction of the solid. The dead must not be reawakened. The cold preserves; it protects the dead from the attack of the living. Since we ourselves are alive, have warm blood pulsing through our veins, this thought is not very familiar to us. We do not see that the dead must fend off the living, just as the living must fend off the dead. Since we are alive, life seems to be more deserving of protection. That is a very human perspective. But it does not have to be the correct one, and it is, as Beyer shows us, most certainly not the only one.

And sometimes we do, in fact, take this other perspective. Such as when we hear talk about global warming. Perhaps the idea is not scientifically proven, but it does exist, as an idea: the melting of the polar ice caps, the thawing of the glaciers, are caused by the emanations produced by human civilization. As if human breath, the breath of all humans, was making the ice melt, the rivers and oceans rise. In the myth of Prometheus, in the Biblical creation story, it is the breath of God that brings humanity to life. Its

own breath now seems to encroach on the last refuge of death; it reaches to the places on Earth where there is nothing but snow and stone. It reaches the eternal ice – to rob it of its eternity.

Yet breath can also freeze. In wintertime, when it lands on a cold windowpane, ice crystals form. Life imprints itself in it; breath gains permanence. It becomes a solid object, fossilizes, at the price of its existence. Perhaps permanence can only be attained when a life is sacrificed for it. Of course there are people who have themselves frozen after they die, in the hope that some day it will be possible to reanimate them. However, because the crystallization of cells damages them, the process of being frozen makes reanimation impossible. So it is precisely these frozen, petrified corpses that cannot participate in eternal life – although they do have eternity, even if it resembles eternal rigor mortis.

Stones in display cases: cold, rigid, hard crystals, ice frozen to stone, which can thaw, turn fluid. When something thaws, something might come to light. In Johann Peter Hebel's short story, "Unexpected Reunion," the body of a young coal miner lies buried in the dark. For fifty years, he rests in his stony grave:

However, in 1809, just before or after St. John's Day, the coal miners in Falun were about to dig an opening between two shafts. A good three hundred cubits deep under the ground, they dug the body of a young man out of the rubble and vitriolic fluids. It was completely permeated with iron sulfate, but otherwise intact and undamaged, so that it was possible to see his facial features and guess his age, as if he had just died an hour ago, or had fallen asleep while working.[2]

Beyer does not want to bring anything to light. The stones are not supposed to melt. They are supposed to be preserved for the sake of their power to preserve. Whatever is concealed in the stones is well hidden. Let it rest inside them. If it thaws, it will decay.

Notes

1   Gustav Schwab, *Sagen des klassischen Altertums. Erster Teil* (Frankfurt am Main: 1975) p. 19
2   Johann Peter Hebel, *Schatzkästlein des rheinischen Hausfreunds* (Frankfurt am Main: 1984) p. 249

Heike Beyer

Biografie I Biography

Geboren | born 1967 in Siegen
Lebt | lives in Köln

Studium | Studies

1992–1998 Hochschule für Bildende Künste
Braunschweig
Städelschule Frankfurt am Main

Einzelausstellungen I Solo exhibitions

1998 Liar, Liar, (mit Matti Braun) BQ, Köln
2000 Wildenstein, Montparnasse, Berlin

Gruppenausstellungen I Group exhibitions

1996 Kleine Universen, BMG-Halle, Braun-
schweig
1997 Überraschung (Surprise II), Kunsthalle
Nürnberg
— Playground, Friedensbrücke, Frankfurt a. M.
— Down Town, Städelsches Kunstinstitut,
Frankfurt a. M.
— Cool Water, Elvis fett, Forelle, Liberace,
Che, Sabine Schmidt Galerie, Köln
— On Air, Dete-System, Frankfurt a. M.

1998 Städelstudenten im Portikus, Frankfurt a. M.
1999 Kunststudenten stellen aus, Kunst-und
Ausstellungshalle der BRD, Bonn
— Superca…, Stedelijk Museum Bureau,
Amsterdam
2001 Zero Gravity, Kunstverein für die
Rheinlande und Westfalen, Düsseldorf
— Frankfurter Kreuz, Schirn Kunsthalle,
Frankfurt a. M.
2002 There is a light that never goes out, Sonia
Rossa, Pordenone
2003 Peter Mertes Stipendium, Bonner Kunst-
verein

Projekte I Projects

2001 Künstlerische Leitung zur Ausstellung
Sex – Vom Wissen und Wünschen,
Stiftung Deutsches Hygiene-Museum,
Dresden (mit Curtis Anderson, Matti
Braun, Rosemarie Trockel, Astrid Wege)

Ausstellung | Exhibition:

DC: Heike Beyer: Bergfink
Museum Ludwig, Köln

5. Juni 2004 – 3. Oktober 2004

Herausgeber | Editor: Museum Ludwig:
Christine Litz, Kasper König

Ausstellung kuratiert von | Exhibition curated by:
Kasper König, Christine Litz (Museum Ludwig)

Die Ausstellung wurde realisiert mit Unterstützung von |
The Exhibition was supported by

AC:/DC: Förderkreis
KUNSTSTIFTUNG ◗ NRW

Leihgeber | Lenders: Institut für Mineralogie und
Geochemie der Universität zu Köln, Mineralogisch-
Petrologisches Institut & Mineralogisches Museum
der Universität zu Bonn, Siegerlandmuseum im Oberen
Schloss, Siegen

Dank an | Special Thanks: Konstantin Adamopoulos,
Kerstin Adler, Anja Becker-Haumann, Marcel Beyer,
Prof. Ursula Blanchebarbe, Jörn Bötnagel, Matti Braun,
Julia Friedrich, Dr. Rolf Hollerbach, Uwe Koch, Margot
Meschkat, Gabriele Micke, Stefan Nestler, Dr. Renate
Schumacher, Elisabeth Seeger (und dem Werola-Team),
Yvonne Quirmbach, Melanie Weidemüller, Angela
Ziegenbein

© 2004 Heike Beyer,
Autoren | Authors, Museum Ludwig, Köln
und | and Verlag der Buchhandlung
Walther König, Köln

Übersetzung | Translation: Tim Nevill,
Allison Plath-Moseley

Lektorat | Copy Editor: Stephanie Kratz

Gestaltung | Design: Silke Fahnert, Uwe Koch, Köln
Yvonne Quirmbach (Logo)

Lithografie | Lithography: Farbanalyse, Köln

Herstellung | Production: Druckerei Fries, Köln

Die Deutsche Bibliothek – CIP-Einheitsaufnahme

Ein Titelsatz für diese Publikation ist bei
Der Deutschen Bibliothek erhältlich

Distribution outside Europe:

D. A. P. / Distributed Art Publishers, New York
155 Sixth Avenue, New York, NY 10013
Tel 212-627-1999 Fax 212-627-9484

ISBN 3-88375-826-4   Printed in Germany

Fotonachweis | Photo credit

Cover:
„Die Antarktis", Christian Verlag GmbH, München
1979: Eliot Porter

Vorsatz / Nachsatz | endpapers:
„Tektonische Strukturen", Ferdinand Enke Verlag,
Stuttgart 1995: NASA LFC

Insert (in Abbildungsreihenfolge |
in order of appearance):
„Ympäristöoppi 1+ 2", WSOY, Porvoo 1988: Jukka
Lemmetty / Viking Nyström
„Graphik", 2/13, Verlag Karl Thiemig KG, München
1960: Anton Stankowski
„Allerlei vom Bergmannsleben", Friedrich Floeder
Verlag, Düsseldorf 1929
„Der Ewige Bergmann", II. Band, Deutscher Wald -
Verlag, Rheinhausen 1958: Georg Sluyterman
von Langeweyde
„Surrealism in Japan 1925 – 1945", Ashai shinbunsha
1990: Kazuo Baba

„Kaj Franck", Museum of Applied Arts & WSOY,
Helsinki 1992: A. Hallakorpi and Wärtsila Foto
„Des Bergmanns offenes Geleucht", Verlag Glückauf
GmbH, Essen 1982
„O. T." (1996), Heike Beyer, Aquarell / Tinte
„Erzväter", Verlag Gudrun Koch, Siegen 1982:
Jacob Wüst
„Graphik", Heft 6, Jahrgang 16, Verlag Karl Thiemig KG,
München 1963: Schaaf
„Onboard Magazine", Jensen and Joubert Publishing
Ltd., Brighton U.K. 1998: Vincent Skoglund
„Eisige Welten", BLV VerlagsGmbH, München 1996:
Bernhard Edmaier / Angelika Jung-Hüttl
„Der Ewige Bergmann", II. Band, Deutscher Wald-
Verlag, Rheinhausen 1958: Adolf Saenger
„Der Ewige Bergmann", I. Band, Deutscher Wald –
Verlag, Rheinhausen 1958: Dr. Cory
„du – Die Zeitschrift für Kunst und Kultur", 2 / 1987,
Zürich: Anne-Marie Grobet / Eberhard Grames
„Der Bergbau in der Kunst", Verlag Glückauf GmbH,
Essen 1958: Eduard Gurk, Aquarell, Graphische
Sammlung Albertina, Wien

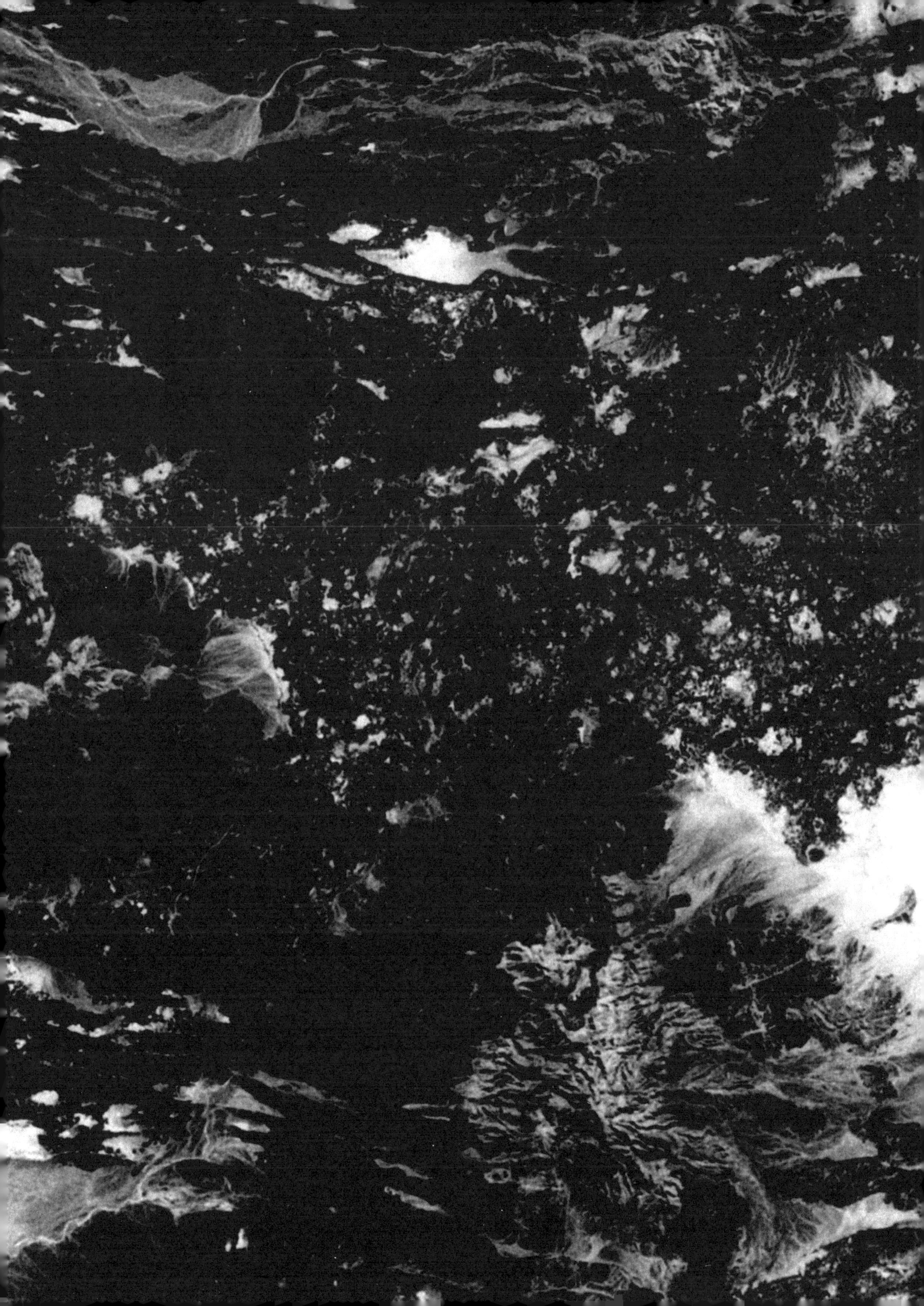